두달만에 끝내는
기적의 영어

네이티브 필수문법
in New York

유은하

BOGO Media®

2019년 5월 10일 초판 1쇄 발행

발행처	BOGO Media® (주) 보고미디어
발행인	윤호병

지은이	유은하
책임편집	최진욱
디자인	이순주, 이수빈
마케팅	김대영
콘텐츠 기획	김아인

출판등록	제2014-000012호
주소	서울시 구로구 구로디지털로 33길 55, 이앤씨벤쳐드림타워2차 508호
대표전화	1544-7126
팩스	02-2278-8817

정가	값 17,000원
ISBN	979-11-7006-346-9

ⓒ 주식회사 보고미디어, 2019
이 책은 저작권법에 따라 보호를 받는 저작물이므로 무단복제와 무단전재는 법으로 금지되어 있습니다.
이 책 내용의 전부 또는 일부를 이용하려면 반드시 저작권자와 보고미디어의 서면동의를 받아야 합니다.

잘못된 책은 구입하신 곳에서 교환해 드립니다.

두달만에 끝내는
기적의 영어

네이티브
필수문법
in New York

유은하

BOGO Media®

매일 10분씩 60일!
영어, 입으로 말해 봤나요?

"자신있게 외국인에게 말을 걸고 싶다."
"영어가 재미있다, 영어에 자신감이 생긴다."
"영어 인생의 터닝 포인트를 갖게 되었다."
"중학교 때 이렇게 배웠으면, 나도 네이티브 수준이 되었을지도…"

수많은 두끝영어 간증(?)을 들을 때마다 참 행복합니다. 지난 15년 동안 영어 말하기에 실패한 학생들을 꼭 성공시키기 위해 진심을 다해 가르쳤습니다. 강의, 출판, 방송 등 다양한 현장에서 영어 강사로 활동하면서 새로운 커리큘럼과 콘텐츠를 만들었고 그 기준은 언제나 여러분의 목소리였습니다. 영어는 왜 대한민국 대부분의 사람들에게 두려움과 공포가 되는가? 중고등학교 때 영어공부를 아예 안한 것도 아닌데 영어 말하기는 왜 그렇게 힘든 건가? 그 이유에서 두끝영어는 출발했습니다. 중학생 때 처음 접한 영어. 잘하고 싶은 욕심이 컸습니다. 친구들이 모두 학원에 다니고 영어 과외를 받을 때 저의 영어 학습법은 조금 달랐습니다.

Speak aloud with Rhythm & Stress

❶ 영어 교과서를 소리 내어 읽으면서 동시에 내용을 파악하고 ❷ 우리말로 번역한 후 ❸ 다시 영작해 본다

저의 학습 비결은 '소리 내어 읽기'였습니다. 여러분은 영어공부를 하면서 문장을 소리 내어 읽어본 적이 있나요? 눈으로는 이해되고 머리로는 아는 간단한 문장들이 입으로는 나오지 않는다는 사실을 언제 깨닫게 되었나요? 분명 쉬운 말인데 직접 말하려고 하면 버벅거리게 되고, 발음에 자신이 없어 외국인 앞에만 가면 쩔쩔매 본 경험, 모두 있으실 겁니다. 하지만 여러분의 영어 고민 대부분은 "소리 내어 말하기"로 해결할 수 있습니다. 좋아하는 노래 가사를 어떻게 막힘없이 외울 수 있나요? 바로 멜로디 때문이지요. 영어 말하기에서 가장 중요한 강세와 리듬! 입으로 훈련만 한다면 영어 말하기는 분명 성공합니다.

I love English.
[ai lʌv ˈɪŋglɪʃ]
[아이 러-브 잉-글리쉬]

* 영어의 강세는 주로 내용어 (content words)에 오고, 기능어(function words)에는 강세가 오지 않는다.

　내용어: 명사, 동사, 형용사, 부사, 의문사, 지시사

　기능어: 관사, 인칭대명사, Be동사, 조동사, 1음절 접속사, 1음절 전치사

위의 설명처럼 공부하려고 하면 정말 어렵겠죠. 사실, **I love English.** 에서 중요한 단어(내용어) love 와 English만 강하게 발음하면 된다는 뜻입니다. 한 번 발음해보세요. 특히, 빨간색 부분을 강하고 길게 소리 내서 발음해보세요. [아이 러-브 잉-글리쉬]. 영어를 강세와 리듬에 맞게 소리 내어 말하다 보면, 여러분의 입에 더 착착 붙게 됩니다. 언어는 소리 내어 말하면서 훈련해야 완전히 내 것이 된다는 사실을 기억하세요.

Grammar 뒤죽박죽 문법 바로잡기! '어순을 잡아라'

"문법을 배우고 단어를 수 천개 외워도 말하기가 창피하고, 외국인 앞에 가면 문법이 틀릴까 봐 두려워요."
모두가 그렇게 말합니다. 그러나 말하기에 필요한 문법은 간단합니다. 흔히들 영어로 말하려고 하면 머릿속이 뒤죽박죽되고 어떤 단어를 먼저 말해야 될지 모르는 현상을 경험합니다. 그 이유는 한국어와 영어의 가장 큰 차이점, 어순(word order) 때문입니다. 우리말과 영어를 비교해보세요.

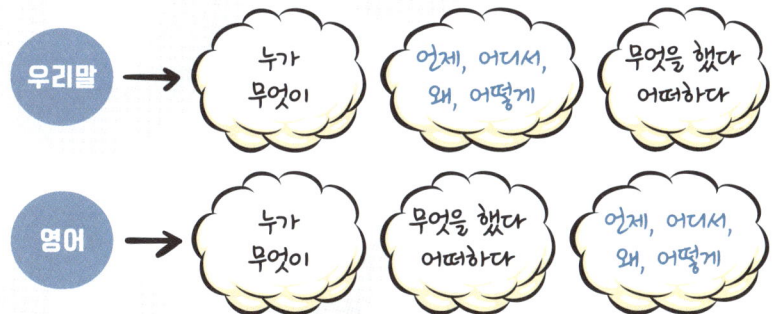

이렇게 우리말은 문장의 주어 다음에 언제, 어디서, 어떻게, 왜 무엇을 했는지 꾸며주는 수식어가 서술어 전에 나옵니다. 꾸며주는 말이 중간에 많이 올 수 있고, 결론인 서술어가 맨 마지막에 오는 구조가 우리말입니다. 그래서 끝까지 듣지 않으면 절대 결론을 모릅니다. 반면, 영어는 어떤가요? 여러분도 중고등학교 때부터 영어는 '주어와 동사부터 잡아라' 는 말을 많이 들었을 것입니다. 영어는 주어 다음에 바로 동사가 나오고 그 다음에 꾸며주는 말이 의미 덩어리로 나옵니다. 그래서 끝까지 듣지 않아도 결론을 미리 알 수 있습니다.

해마다 수백만 명의 사람들이 / 자유의 여신상을 보기 위해 /뉴욕에 있는 리버티 섬에 간다.
Millions of people go/ to Liberty Island in New York every year
/to see the Statue of Liberty.

우리말과 영어를 큰 의미 덩어리대로 나누면 위와 같습니다. 두 언어의 차이점이 보이나요?
다시 영어의 어순을 중심으로 살펴보겠습니다.

Millions of people go	수백만 명의 사람들이 간다 (어디에?)
to Liberty Island	리버티 섬에 (어디에 있는?)
in New York	뉴욕에 있는 (언제?)
every year	매년 (왜?)
to see the Statue of Liberty.	자유의 여신상을 보기 위해서

영어는 문장의 핵심인 결론을 먼저 말해주는 구조라서 '주어 + 동사'로 이루어진 앞부분을 읽다보면 뒤에 어떤 내용이 나올지 자연스럽게 궁금증이 생깁니다.

Millions of people go / to Liberty Island / in New York
　　[주어 + 동사]　　+　　[전치사구]　　+　　[전치사구]
/every year / to see the Statue of Liberty.
　　[부사구]　　+　　[to 부정사구]

영어를 공부할 때, 단어를 개별적으로 나눠서 익히기 보다 의미 덩어리로 파악할 수 있어야 합니다. 의미 덩어리를 이해할 수 있다면 말하기도 어렵지 않습니다. 주어 + 동사로 시작하는 영어의 어순을 익히고 의미 덩어리 대로 붙여나가면 되기 때문이죠. 영어 실력이 올라가면서 한 번에 생각하거나 말하는 덩어리도 커집니다.

Millions of people go	수백만 명의 사람들이 간다 (어디에?)
to Liberty Island in New York every year	해마다 뉴욕에 있는 리버티 섬에 (왜?)
to see the Statue of Liberty.	자유의 여신상을 보기 위해서

이렇게 기본적으로 영어의 어순을 잡아 뼈대를 세우고, 가장 많이 쓰는 영어의 6가지 시제를 배우면 말하기 위한 필수문법이 완성됩니다. 여러분의 영어공부는 50개의 필수문법으로 난이도에 따라 순차적으로 진행되며, 6개의 시제별로 확장됩니다. 네이티브처럼 말하기 위한 필수문법을 1300개의 필수문장으로 여러분의 입에 확실하게 입력하는 강력한 수업이 될 것입니다. 말하기 위한 필수문법 …› 필수문장 …› 말하기 훈련까지 3단계 학습법으로 공부하면 여러분의 영어고민이 해결될 것입니다.

[네이티브 필수문법 in New York] 학습 원리

1. 영어의 기본기 잡기 - 네이티브 필수문법 50개 + 필수문장 1300개 …› 문법과 회화를 동시에 마스터
2. 필수문법 바로 응용 - 스피킹(입 영작)와 라이팅(손 영작)으로 진짜 영어 실력 만들기
3. Speak aloud - 영어의 강세와 리듬대로 말하면서 자동으로 말할 수 있을 때까지 훈련

영어의 기본기가 잡혀야 영어 말하기도 쓰기도 쉬워진다!

대부분의 영어책 첫 페이지는 쉬워보입니다. 눈에 익숙하고 소리내어 읽기도 어느 정도 가능한 문장들로 구성되어 있는 경우가 많이 있습니다. 하지만 이렇게 만만해 보이는 기초와 기본이 제대로 쌓여야 진짜 실력이 됩니다. 기초와 기본을 100% 완전하게 내 것으로 만들어야 그 다음 단계로 도약이 가능합니다. 여러분은 알게 모르게 영어라는 언어에 많이 노출되어 왔고 영어에 대한 지식이 상당합니다. 초등학생 또는 중학생 때 배운 영어가 머릿속 한 구석에 저장되어 있고 조금 먼지가 쌓여 있을 뿐이지요. 뒤죽박죽 정리가 되지 않은 기분이 들기도 할 겁니다. 이제 진짜 영어공부를 시작해보세요. 이 책에서 여러분과 함께 기본적인 문장의 뼈대를 세우고 영어의 시제를 완전히 정리할 것입니다. 네이티브 필수문법으로 필수 문장들을 만들어 바로 입에 붙이는 과정까지 연습할 것입니다. 네이티브라면 밥 먹듯이 말하는 현재완료 시제도 왜 그렇게 말하는지 확실히 이해하고 소리내어 말하기 연습까지 진행하기 때문에 영어문장이 여러분의 입에 착 붙는 현상이 일어날 것입니다.

영어를 제대로 배워서 내 입으로 말하고 싶은 분은 은하쌤의 <두끝영어-네이티브 필수문법 in New York>과 진짜 영어공부를 시작하세요.

끝으로 이 책이 나오기까지 관심과 정성을 쏟아주신 모든 분들께, 두끝영어 수강생 여러분께, eduTV 시청자 여러분께 진심으로 감사드립니다.

저자 유은하 드림

두끝영어 수강생
수강후기

해도해도 어려운 영어? 영어 울렁증?
지금 당장! 문법이 완벽정리되고 스피킹이 쉬워지는 기적을 경험하세요.

> 입안에서 맴돌던 영어가 드디어 입밖으로 터져 나왔어요!
> 이젠 정확한 영어로 말할 수 있어요!
> — Terry, 취업준비생

> 은하쌤은 영문장의 구조를 이해하게끔 만들어주고
> 영어의 연음까지 터득하게 해주어 들리지 않던 영어를 들리게 해줘요.
> — Ann, 주부

> Writing도 많이 늘었어요! 기본기가 잡히지 않아 뒤죽박죽 말하곤 했었는데
> 이제 제대로 말할 수 있게 되었어요. 완전 체계적이고 공부하는 성취감도 팍팍!
> 하루하루 실력이 늘고 있아가니 재미있어지고 스피킹이 느는 만큼
> 라이팅도 리스닝도 느는 것 같아서 기뻐요!
> — Cruise, 대학생

> 거의 20년간 영어를 잊고 지내다가 배우기 시작했는데
> 그 어느 수업보다 재미있고 즐거워요.
> — James, 건축가

두끝영어 교재대로 재미있게 열심히 따라갔는데
다른 영어시험 준비할 때도 큰 도움이 돼서 신기했어요.
Tony, 대학생

너무 재미있는 은하쌤 수업! 내가 생각하는 문장을 영어로
자유롭게 바꿀 수 있다는게 신기해요! 단지 수업만 들었을 뿐인데.
Alice, 직장인

잘 짜여진 커리큘럼으로 기본기를 튼튼히 할 수 있어요.
영작 실력도 늘어서 뿌듯합니다. ^^
Miki, 직장인

어렵게만 느껴지고 아리송했던 문법이 이해하기 쉬워졌고
배운 문법을 이용해 말을 할 수 있게 하니 기억에 더 오래 남아요.
Jade, 직장인

영어회화 울렁증인 나에게 용기를 준 두끝영어.
은하쌤 덕분에 외국인을 만나면 말을 걸고 싶은 욕심이 생겼어요.
Angela, 대학생

'영어인생에 터닝 포인트'가 정말 되었습니다.
하기 싫었던 영어인데, 재미를 불어 넣어주셔서 감사합니다.
Elin, 직장인

> 은하쌤 덕분에 이제서야 영어가 재미있고
> 그리 어렵지 않다는 것을 느끼고 있습니다.
> Jessica, 직장인

> 50후반에 영어학습 자체가 어려운 줄 알았는데 더 늦기 전에
> 두끝영어 덕분에 문법, 원서를 두달만에 끝냈습니다.
> William, 직장인

> 말을 하면서 문법을 이해하는 은하쌤 수업 방식!
> 리스닝할 때 들리지 않았던 것이 은하쌤과의 스피킹 연습으로
> 잘 들리게 되었어요.
> Katie, 직장인

> 중고등학교 때 이렇게 배웠더라면 좀더 영어에 관심을 가졌을텐데…
> 그래도 지금 영어공부가 재미있게 다가와서 정말 happy 합니다.
> Dorothy, 주부

> 처음부터 느낌이 다른 은하쌤의 두끝영어!
> 말하고 쓰니까 문법이 저절로 따라오는 느낌이 팍팍 들었어요.
> 미드보면서 배웠던 거 쉽게 들려서 신기했어요.
> Jane, 직장인

> 두끝영어를 통해
> 저도 모르게 문장을 술술 말하고 있는 모습을 발견했어요.
> Sun, 대학생

은하쌤 두끝영어를 만나기 전에는 영어를 전혀 말할 줄 모르고 쓸 줄도 몰랐는데, 이제는 말할 줄 알고 쓸 수 있게되어 너무 재미있어요. 자신감이 생겨서 친구들과 영어로 이야기 하기도 한답니다.
Domicin, 직장인

딱딱할 수 있는 문법을 몸속에 스며들듯이… 너무나 쉽고 너무나 재미있었어요. 기존의 영어수업과는 비교도 되지 않을만큼 흥미롭고 신납니다.
Ally, 직장인

말하기의 기본기를 다져주면서 소홀히 여겨 잘못되어진 문법과 영작까지도 자연스럽게 익히게 하는 매우 유익한 내용으로 구성되었어요.
Paul, 직장인

고등학교, 대학교를 거치면서 수많은 영어 강의를 듣고 공부했었지만 항상 기본기가 많이 부족해 시간이 지나면 제자리로 돌아왔었습니다. 두끝영어를 통해 그동안 알아 왔던 영어문장들이 왜 이런 방식으로 말해지는지 확실히 알게 되었습니다.
Sam, 직장인

본 수강후기는 2013년부터 지금까지
은하쌤의 [두끝영어] 수강생 여러분이 직접 손으로 작성해주신 것입니다.

영어가 정말 재미있어지는
은하쌤의 두끝영어
네이티브 필수문법 **in New York**

학습 플래너

하루 10분! 딱 2달! 학습 플래너와 함께
[네이티브 필수문법 in New York]을 두 달만에 끝내세요!

Unit	학습내용	페이지	공부한 날짜
1	Be동사 의문문 (현재시제) – Are you ready?	18 – 23	___월 ___일
2	Be동사 긍정문 (현재시제) – I'm totally excited.	24 – 29	___월 ___일
3	일반동사 의문문 (현재시제) – Do you go jogging every day?	30 – 35	___월 ___일
4	일반동사 긍정문 (현재시제) – I attend a meeting in the afternoon.	36 – 41	___월 ___일
5	일반동사 3인칭 단수 주어 (현재시제) – Mike does many things in the morning.	42 – 47	___월 ___일
6	필수 동사 have – He has a beautiful smile.	48 – 53	___월 ___일
7	감각 동사 look, sound, smell, taste, feel – It smells fantastic.	54 – 59	___월 ___일
8	의문사 의문문 (현재시제) who – Who doesn't love the firefighters?	60 – 65	___월 ___일
9	의문사 의문문 (현재시제) what – What's today's special?	66 – 71	___월 ___일
10	의문사 의문문 (현재시제) when – When do you open?	72 – 77	___월 ___일
11	의문사 의문문 (현재시제) where – Where is the Apollo Theater?	78 – 83	___월 ___일
12	의문사 의문문 (현재시제) how, why – How do I get to the Empire State Building?	84 – 89	___월 ___일
13	의문사 의문문 (현재시제) how much, how many, how long, how often – How much is it?	90 – 95	___월 ___일
14	장소를 말해주는 전치사 – They are on the street.	96 – 101	___월 ___일
15	There is + 단수 명사 / There are + 복수 명사 – There are a lot of modern masterworks here.	102 – 107	___월 ___일
16	Is there ~? / Are there ~? 의문문 – Is there a bookstore near here?	108 – 113	___월 ___일
17	명령문 – Go straight and turn right at the corner.	114 – 119	___월 ___일
18	조동사 1 – May I try some?	120 – 125	___월 ___일
19	조동사 2 – You must not park here.	126 – 131	___월 ___일
20	일반동사 의문문 (과거시제) – Did you attend a worship service?	132 – 137	___월 ___일
21	의문사 의문문 (과거시제) who, what – Who gave New York the Statue of Liberty?	138 – 143	___월 ___일
22	의문사 의문문 (과거시제) where, when, how, why – Why did they rebuild the World Trade Center?	144 – 149	___월 ___일
23	문장 (과거시제) + 장소, 시간의 부사구 – I read a book in Bryant Park this afternoon.	150 – 155	___월 ___일
24	Be동사 의문문 (과거시제) – Were you hungry?	156 – 161	___월 ___일
25	수동태 (과거시제) – I was touched.	162 – 167	___월 ___일

Unit	학습내용	페이지	공부한 날짜
26	비인칭 주어 it – It's a beautiful day.	168 – 173	___월 ___일
27	현재 진행형 긍정문 – I'm learning about American history.	174 – 179	___월 ___일
28	현재 진행형 의문문 – Are you waiting for someone?	180 – 185	___월 ___일
29	의문사 의문문 (현재 진행형) who, what – What are you doing?	186 – 191	___월 ___일
30	의문사 의문문 (현재 진행형) where, when, how, why – Where are you staying?	192 – 197	___월 ___일
31	현재완료 진행형 – I've been working here for 20 years.	198 – 203	___월 ___일
32	be going to (미래시제) – I'm going to go to Dumbo.	204 – 209	___월 ___일
33	be going to 부정문, 의문문 (미래시제) – I'm not going to buy anything.	210 – 215	___월 ___일
34	의문사 의문문 (미래시제) – Who's going to help me?	216 – 221	___월 ___일
35	현재완료 – I've wanted to visit the American Museum of Natural History since then.	222 – 227	___월 ___일
36	현재완료 긍정문, 부정문 – I've never been here.	228 – 233	___월 ___일
37	현재완료 의문문 – Have you ever met him?	234 – 239	___월 ___일
38	현재완료 just, already, not ~ yet – The train has just left.	240 – 245	___월 ___일
39	현재완료 최상급 – That was the best music I've ever heard.	246 – 251	___월 ___일
40	4형식 문장 – Please tell me the way to the library.	252 – 257	___월 ___일
41	5형식 문장 – This makes me happy.	258 – 263	___월 ___일
42	문장의 5형식 총정리 – 5 Sentence Patterns In English	264 – 269	___월 ___일
43	영어의 시제 – English Tenses	270 – 275	___월 ___일
44	전치사와 함께 쓰는 동사 – I'm leaving for Chicago.	276 – 281	___월 ___일
45	to부정사 명사적 용법 – I want to go to the Chicago Theater.	282 – 287	___월 ___일
46	to부정사 5형식 문장 – I want you to come here.	288 – 293	___월 ___일
47	to부정사 부사적 용법 – I came here to see the view of Chicago.	294 – 299	___월 ___일
48	to부정사 형용사적 용법 – I have a lot of things to see here.	300 – 305	___월 ___일
49	의문사 + to부정사 – Could you tell me how to get there?	306 – 311	___월 ___일
50	필수 동사 want – I just wanted to see the night view of Chicago.	312 – 317	___월 ___일

교재활용법
은하쌤의
네이티브 필수문법 in New York

Warm-up
뉴욕 스케치 감상하기!

두끝영어 TV 프로그램-네이티브 필수문법
in New York을 제작하기 위해
은하쌤이 직접 방문한 뉴욕을 함께 감상하며,
영어 공부의 열정을 더욱 불태웁니다.

Step1
Grammar Point
: 은하쌤 동영상 보기

뉴욕 명소에서 직접 강의한
은하쌤의 수업을 통해 필수문법을
쉽고 재미있게 익힙니다.
배운 문법을 바로 필수문장으로
연결시켜 스피킹 실력까지 키웁니다.

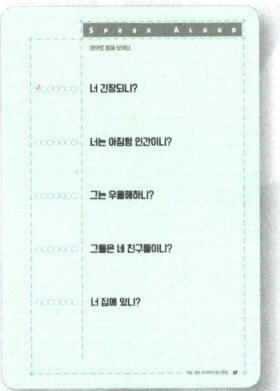

Step2
Speak Aloud
: 소리내어 말하기

우리말을 보고 입으로 영작하는 단계입니다.
은하쌤의 동영상 강의를 보기만 해도
자신있게 나오는 문장들입니다.
진짜 말하기가 되려면 내 입으로 직접
말하면서 연습해야 합니다!

Step3
Check and Write
: 말하기 확인 후 영작하기

앞에 말한 문장을 확인하고, 응용해서
새로운 문장도 만들어보세요.
손으로 다시 영작하면서 배운 필수문법을
완전히 내 것으로 만듭니다.

Step4
Real Conversation
: 영어로 대화하기

필수문법 …▶ 필수문장 …▶ 말하기 훈련 후
짧은 대화를 완성해보는 단계입니다.
롤 플레이 하듯이 영어로 말해 보세요.

Contents

01 Be동사 의문문 (현재시제) – Are you ready? 18

02 Be동사 긍정문 (현재시제) – I'm totally excited. 26

03 일반동사 의문문 (현재시제) – Do you go jogging every day? 32

04 일반동사 긍정문 (현재시제) 38
    – I attend a meeting in the afternoon.

05 일반동사 3인칭 단수 주어 (현재시제) 44
    – Mike does many things in the morning.

06 필수 동사 have – He has a beautiful smile. 50

07 감각 동사 look, sound, smell, taste, feel – It smells fantastic. ... 56

08 의문사 의문문 (현재시제) who – Who doesn't love the firefighters? ... 62

09 의문사 의문문 (현재시제) what – What's today's special? 68

10 의문사 의문문 (현재시제) when – When do you open? 74

11 의문사 의문문 (현재시제) where – Where is the Apollo Theater? 80

12 의문사 의문문 (현재시제) how, why 86
    – How do I get to the Empire State Building?

13 의문사 의문문 (현재시제) how much, how many, how long, how often ... 92
    – How much is it?

14 장소를 말해주는 전치사 – They are on the street. 98

| 15 | There is + 단수 명사 / There are + 복수 명사 | 104 |

– There are a lot of modern masterworks here.

| 16 | Is there ~? / Are there ~? 의문문 – Is there a bookstore near here? | 110 |

| 17 | 명령문 – Go straight and turn right at the corner. | 116 |

| 18 | 조동사 1 – May I try some? | 122 |

| 19 | 조동사 2 – You must not park here. | 128 |

| 20 | 일반동사 의문문 (과거시제) – Did you attend a worship service? | 134 |

| 21 | 의문사 의문문 (과거시제) who, what | 140 |

– Who gave New York the Statue of Liberty?

| 22 | 의문사 의문문 (과거시제) where, when, how, why | 146 |

– Why did they rebuild the World Trade Center?

| 23 | 문장 (과거시제) + 장소, 시간의 부사구 | 152 |

– I read a book in Bryant Park this afternoon.

| 24 | Be동사 의문문 (과거시제) – Were you hungry? | 158 |

| 25 | 수동태 (과거시제) – I was touched. | 164 |

26	비인칭 주어 it – It's a beautiful day.	168
27	현재 진행형 긍정문 – I'm learning about American history.	174
28	현재 진행형 의문문 – Are you waiting for someone?	180
29	의문사 의문문 (현재 진행형) who, what – What are you doing?	186
30	의문사 의문문 (현재 진행형) where, when, how, why – Where are you staying?	192
31	현재완료 진행형 – I've been working here for 20 years.	198
32	be going to (미래시제) – I'm going to go to Dumbo.	204
33	be going to 부정문, 의문문 (미래시제) – I'm not going to buy anything.	210
34	의문사 의문문 (미래시제) – Who's going to help me?	216
35	현재완료 – I've wanted to visit the American Museum of Natural History since then.	222
36	현재완료 긍정문, 부정문 – I've never been here.	228
37	현재완료 의문문 – Have you ever met him?	234
38	현재완료 just, already, not ~ yet – The train has just left.	240
39	현재완료 최상급 – That was the best music I've ever heard.	246

40	4형식 문장 – Please tell me the way to the library.	252
41	5형식 문장 – This makes me happy.	258
42	문장의 5형식 총정리 – 5 Sentence Patterns In English	264
43	영어의 시제 – English Tenses	270
44	전치사와 함께 쓰는 동사 – I'm leaving for Chicago.	276
45	to부정사 명사적 용법 – I want to go to the Chicago Theater.	282
46	to부정사 5형식 문장 – I want you to come here.	288
47	to부정사 부사적 용법 – I came here to see the view of Chicago.	294
48	to부정사 형용사적 용법 – I have a lot of things to see here.	300
49	의문사 + to부정사 – Could you tell me how to get there?	306
50	필수 동사 want – I just wanted to see the night view of Chicago.	312

UNIT 01

Are you ready?
Be동사 의문문 (현재시제)

#Seoul-Incheon Airport

Grammar Point

1 Are you ready?

너 준비됐니?

'Are you + **형용사**?'는 상대방의 기분이나 상태를 묻는 표현으로 '~한 상태이니?'라는 의미이다.

Are you	excited?	너 신나니?
	nervous?	너 긴장되니?

* **형용사** good(좋은), happy(행복한)처럼 감정과 상태를 나타내는 단어이다.
* **Be동사** '~이다, ~이 있다'의 의미를 가진 동사로 현재 시제 주어에 따라 am, are, is로 형태가 달라진다.

2 Are you a morning person?

너는 아침형 인간이니?

Be동사는 '~이다'라는 뜻이므로, '너는 학생이니?', '너는 아침형 인간이니?' 등과 같은 문장은 'Are you + **명사**?'라고 말한다

Is she	Jane?	그녀가 Jane이니?
Are they	your friends?	그들은 네 친구들이니?
Is he	your boss?	그가 너의 사장님이니?

* Be동사 현재 시제에서 주어에 따라 달라지는 형태에 주의해야 한다
* **명사** 사람이나 사물의 이름을 나타내는 단어이다.

WORDS

ready 준비된   **excited** 흥분된, 신나는   **nervous** 긴장된

Grammar Point

3 Are you at home?
너 집에 있니?

'Are you + 전치사 + 명사?'는 '너는 ~에 있니?'라는 뜻으로, 상대방의 현재위치나 상태를 묻는 표현이다

Are you	in love?	너 사랑에 빠졌니?
	at the office?	너 사무실에 있니?
	on the beach?	너 해변에 있니?

* Be동사 '~이다' 외에 '있다'라는 의미도 있다. Be동사 뒤에 장소를 나타내는 표현이 나오면 '있다'라고 해석한다.
* 전치사 at, in, to 등 명사 앞에 놓여 위치, 시간, 방향 등 다른 명사와의 관계를 나타내는 품사이다.

4 Is he okay?
그는 괜찮니?

'Is he(she) + 형용사?'는 제 3자의 상황이나 상태를 물어보는 표현으로 '그(그녀)는 ~한 상태이니?'라는 의미이다.

Is he	sad?	그는 슬퍼하니?
	gloomy?	그는 우울해하니?
	happy?	그는 행복하니?

WORDS

in love 사랑에 빠진   gloomy 우울한

Speak Aloud

영어로 말해 보세요.

✓○○○○○○   너 긴장되니?

○○○○○○○   너는 아침형 인간이니?

○○○○○○○   그는 우울해하니?

○○○○○○○   그들은 네 친구들이니?

○○○○○○○   너 집에 있니?

Check and Write

앞에서 말한 문장을 확인하고, 다른 표현을 활용해 새로운 문장도 만들어 보세요.

Challenge!

Are you nervous?

_____?

너는 무섭니? ※ scared 무서워하는

Are you a morning person?

_____?

너는 가수이니?

Is he gloomy?

_____?

그녀는 똑똑하니?

Are they your friends?

_____?

그들은 너의 동료들이니? ※ colleague 동료

Are you at home?

_____?

그는 학교에 있니?

ANSWER

Are you scared?
Are you a singer?
Is she smart?
Are they your colleagues?
Is he at school?

Real Conversation

다음 우리말을 보고 영작하여 대화를 완성하세요.

1

너 집에 있니?

Yes, I am. Come over to my house!
응, 맞아. 내 집으로 와!

Okay! I'm coming now.
알았어! 지금 갈게.

2

John didn't pass the test.
John은 시험에 합격하지 못했어.

I'm sorry to hear that. 그가 우울해 하니?
유감이구나.

Yes, he is.
응, 그래.

Are you at home?
Is he gloomy?

UNIT 02

I'm totally excited.

Be동사 긍정문 (현재시제)

#The New Jersey House

Grammar Point

1. I'm totally excited.
나 완전 신나.

'I'm + 형용사'는 '나는 ~한 상태이다'라는 뜻으로 나의 현재 상태가 어떠한지 나타내는 표현이다.

'I'm totally + 형용사'는 '나는 완전 ~하다'라는 뜻으로 totally(완전히)가 문장을 좀 더 강조해주고 구어체 느낌을 더해 준다.

'This is + 형용사'는 '이것은 ~하다'라는 의미로 어떤 상황이나 물건의 상태를 나타내는 표현이다.

I'm totally	bored.	나 완전 지루해.
	broke.	나 완전 빈털터리야.
This is totally	awesome.	이거 완전 멋져.
	weird.	이거 완전 이상해.
	unfair.	이거 완전 불공평해.

2. I'm kind of busy now.
나 지금 좀 바빠.

'I'm kind of + 형용사'는 '나는 좀 ~하다'라는 의미로 나의 현재 상태를 나타내는 표현이다.

I'm kind of	tied up now.	나 지금 좀 바빠.
	hungry.	나 좀 배고파.
	nervous.	나 좀 긴장돼.

* kind of는 '약간, 어느 정도'라는 뜻으로 형용사를 꾸며준다.

bored 지루한　**broke** (informal) 무일푼인, 빈털터리인　**awesome** 멋진　**weird** 이상한　**unfair** 불공평한　**tied up** 바쁜

Grammar Point

 ## I'm ready for the meeting.
나는 회의할 준비가 되었어.

'I'm ready.'는 '나는 준비가 되어 있어.'라는 뜻이다. '~할 준비가 되어 있다'는
'I'm ready for + 명사' 또는 'I'm ready to + 동사'를 사용해 표현한다.

	for the meeting.	나는 회의할 준비가 되었어.
I'm ready	**for** bed.	나는 잘 준비가 되었어.
	to enjoy New York.	나는 뉴욕을 즐길 준비가 되었어.

 ## I'm on a diet.
나는 다이어트 중이야.

'I'm on + 명사.'는 '나는 ~하는 중이다'라는 뜻으로 꼭 'Be동사 + ~ing' 형태가 아니더라도
'~하는 중이다'라는 진행의 의미로 나타낼 수 있다

	a business trip.	나는 출장 중이야.
I'm on	the phone.	나는 통화 중이야.
	my way.	나는 가는 중이야.

WORDS

meeting 회의   **enjoy** 즐기다   **diet** 다이어트   **business trip** 출장

Speak Aloud

영어로 말해 보세요.

✓○○○○○○   **나 완전 지루해.**

○○○○○○○   **이거 완전 불공평해.**

○○○○○○○   **나는 잘 준비가 되었어.**

○○○○○○○   **나는 뉴욕을 즐길 준비가 되었어.**

○○○○○○○   **나는 통화 중이야.**

Check and Write

앞에서 말한 문장을 확인하고, 다른 표현을 활용해
새로운 문장도 만들어 보세요.

Challenge!

I'm totally bored.

_____.

나는 완전히 행복해.

This is totally unfair.

_____.

이거 완전히 웃겨.

I'm ready for bed.

_____.

나는 파티 준비가 되었어.

I'm ready to enjoy New York.

_____.

나는 출근할 준비가 되었어. *go to work 출근하다

I'm on the phone.

_____.

나는 임무 수행 중이야. *mission 임무

ANSWER
I'm totally happy.
This is totally funny.
I'm ready for the party.
I'm ready to go to work.
I'm on mission.

Real Conversation

다음 우리말을 보고 영작하여 대화를 완성하세요.

1

Where are you?
너 어디니?

나는 가는 중이야.

Hurry up!
서둘러!

2

Are you excited for the holiday?
너 휴가 때문에 신나니?

I am! 나는 뉴욕을 즐길 준비가 되었어.
응!

So am I! I can't wait!
나도야. 기대된다!

ANSWER

I'm on my way.
I'm ready to enjoy New York.

UNIT 03
Do you go jogging every day?

일반동사 의문문 (현재시제)

#Central Park

Grammar Point

1 Do you work out every day?
너는 매일 운동하니?

'Do you + **동사원형**?'은 '너 ~하니?'라는 뜻으로 평상시에 일상적으로 하는 일을 묻는 말이다

	drink coffee?	너는 커피를 마시니?
Do you	use *social media?	너는 SNS를 사용하니?
	hang out with your friends on the weekend?	너는 주말에 친구들과 어울려 노니?

* social media 인스타그램, 페이스북 등 사회관계망에 사용되는 웹사이트로 우리는 SNS라고 부르지만 원어민들은 social media라고 한다.

2 Does he(she) work out?
그(그녀)는 운동하니?

'Does he(she) + **동사원형**?'은 일상적 습관이나 규칙적인 일을 묻는 표현으로 '그(그녀)는 ~하니?'라는 의미이고, 이때 현재시제에서 주어가 3인칭 단수이기 때문에 do 대신 does를 사용한다.

Do you		너는 운동하니?
Do they	work out?	그들은 운동하니?
Does Mike		Mike는 운동하니?
Do Mike and Molly		Mike와 Molly는 운동하니?

WORDS
work out 운동하다   hang out 어울려 놀다   weekend 주말

Grammar Point

 ## Do you go jogging every day? / Does he go jogging every day?
너는(그는) 매일 조깅하러 가니?

일반동사 의문문에 대한 대답은 'Yes, I do.' 또는 'No, I don't.'라고 한다.
주어가 3인칭 단수일 경우에는 'Yes, he(she) does.' 또는 'No, he(she) doesn't.'라고 한다.

Yes, I do.
(=Yes, I go jogging every day.)　　　　　　　응, 나는 그래.

No, I don't.
(=No, I don't go jogging every day.)　　　　아니, 나는 그렇지 않아.

Yes, he does.
(=Yes, he goes jogging every day.)　　　　　응, 그는 그래.

No, he doesn't.
(=No, he doesn't go jogging every day.)　　아니, 그는 그렇지 않아.

 ## Are you ~? vs. Do you ~?

'Are you + 형용사?'는 '너는 (~한 상태)이니?' 이고, 'Do you +동사원형?'은 '너는 ~하니?'라는 뜻이다.

Are you	happy?	너는 행복하니?
Do you	study English?	너는 영어공부를 하니?
	go jogging?	너는 조깅하러 다니니?

Speak Aloud

영어로 말해 보세요.

✓○○○○○○ 너는 매일 커피를 마시니?

○○○○○○○ 너는 SNS를 사용하니?

○○○○○○○ 너는 주말에 친구들과 어울려 노니?

○○○○○○○ 그는 매일 아침 조깅하러 가니?

○○○○○○○ 네 여동생은 영어 공부를 하니?

Check and Write

앞에서 말한 문장을 확인하고, 다른 표현을 활용해 새로운 문장도 만들어 보세요.

Challenge!

Do you drink coffee every day?

_____?

너는 매일 요리를 하니?

Do you use social media?

_____?

그들은 컴퓨터를 사용하니?

Do you hang out with your friends on the weekend?

_____?

너는 주말에 친구들과 영화를 보니?

Does he go jogging every morning?

_____?

그는 매일 아침 샤워를 하니? * take a shower 샤워하다

Does your sister study English?

_____?

Tina는 수학 공부를 하니? * math 수학

ANSWER

Do you cook every day?
Do they use a computer?
Do you watch movies with your friends on the weekend?
Does he take a shower every morning?
Does Tina study math?

34 | UNIT 03 | 일반동사 의문문 (현재시제)

Real Conversation

다음 우리말을 보고 영작하여 대화를 완성하세요.

1

I'm going to the gym.
나는 체육관에 갈 거야.

너는 매일 운동하니?

No, I don't. Not every day.
아니. 매일은 아니야.

2

너는 영어 공부를 하니?

Yes, I do. I enjoy studying English.
응, 하지. 나는 영어 공부하기를 즐기거든.

Wow, that's great. I should try harder.
와, 멋지다. 나도 분발해야 겠어.

Do you work out every day?
Do you study English?

UNIT 04

I attend a meeting in the afternoon.

일반동사 긍정문 (현재시제)

#Charging Bull #Wall Street

Grammar Point

1. I attend a meeting in the morning.

나는 아침에 회의에 참석해.

'**기본문장(현재 시제)** + **in the morning**(아침에)'는 일상적인 하루 일과 중 아침에 하는 일을 표현 할 수 있다.

현재 시제는 일상적, 습관적 그리고 규칙적인 일을 말할 때 **사용한다.**

I work out	나는 아침에 운동해.
I check my e-mail **in the morning**.	나는 아침에 이메일을 확인해.
I read a book	나는 아침에 책을 읽어.

2. I have a light lunch in the afternoon.

나는 오후에 가벼운 점심을 먹어.

'**in the afternoon**(오후에)'처럼 시간을 나타내는 부사구는 주로 문장 뒤에 온다.

I work on my report **in the afternoon**.	나는 오후에 내 보고서를 작성해.
I visit my client	나는 오후에 나의 고객을 방문해.

WORDS

attend 참석하다　**meeting** 회의　**light** 가벼운　**work on** ~에 노력을 들이다　**report** 보고서

Grammar Point

I go to the gym in the evening.
나는 저녁에 체육관에 가.

'기본문장(현재 시제) + in the evening(저녁에)' 을 붙여, 저녁에 주로 하는 일을 표현할 수 있다.

I hang out with my friends	in the evening.	나는 저녁에 내 친구들과 어울려 놀아.
I study English		나는 저녁에 영어를 공부해.

I listen to music at night.
나는 밤에 음악을 들어.

'기본문장(현재 시제) + at night(밤에)'은 일과 중 일상적인 밤의 일을 표현할 때 사용한다.

I enjoy reading books	at night.	나는 밤에 책 읽기를 즐겨.
I take a shower		나는 밤에 샤워해.

ONE STEP FURTHER

[주어 + 동사] + _____

[주어 + 동사]를 한 세트로 생각하고, 뒤에 부수적인 말을 붙여 주면 긴 문장을 만들 수 있다.

- I hang out + with my friends + in the evening.
  나는 어울려 놀아 + 내 친구들과 + 저녁에

- I usually spend time + with my family + on the weekend.
  나는 주로 시간을 보내 + 내 가족과 + 주말에

WORDS
gym 체육관   hang out 어울려 놀다   enjoy 즐기다   take a shower 샤워하다

Speak Aloud

영어로 말해 보세요.

○○○○○○○ 나는 가벼운 점심을 먹어.

○○○○○○○ 나는 아침에 내 이메일을 확인해.

○○○○○○○ 나는 오후에 내 보고서를 작성해.

○○○○○○○ 나는 저녁에 내 친구들과 어울려 놀아.

○○○○○○○ 나는 밤에 음악을 들어.

Check and Write

앞에서 말한 문장을 확인하고, 다른 표현을 활용해 새로운 문장도 만들어 보세요.

Challenge!

I have a light lunch.
_____.
나는 가벼운 아침을 먹어.

I check my e-mail in the morning.
_____.
나는 아침에 신문을 읽어. *newspaper 신문

I work on my report in the afternoon.
_____.
나는 오후에 숙제하기에 노력을 들여.

I hang out with my friends in the evening.
_____.
나는 저녁에 내 가족과 이야기해.

I listen to music at night.
_____.
나는 밤에 영화를 봐.

ANSWER
I have a light breakfast.
I read a newspaper in the morning.
I work on my homework in the afternoon.
I talk with my family in the evening.
I watch a movie at night.

Real Conversation

다음 우리말을 보고 영작하여 대화를 완성하세요.

1

Do you read books?
너는 책을 읽니?

Yes, I do. <u>나는 밤에 책 읽기를 즐겨.</u>
응, 읽어.

Good for you.
좋구나.

2

What do you usually do in the evening?
저녁에 주로 뭐하니?

<u>음, 퇴근 후에 친구들과 어울려 놀아.</u>

Then, when do you work out?
그러면 운동은 언제하고?

ANSWER

I enjoy reading books at night.
Well, I hang out with my friends after work.

UNIT 05

Mike does many things in the morning.

 일반동사 3인칭 단수 주어 (현재시제)

#W-Mart

Grammar Point

1. **Mike does** many things in the morning.

Mike는 아침에 많은 것들을 해.

현재시제에서 주어가 3인칭 단수일 때 일반동사는 '**동사원형 + (e)s**'로 형태가 바뀐다.
do ⋯› does / work ⋯› works / drink ⋯› drinks / go ⋯› goes

He works out	every morning.	그는 매일 아침 운동을 해.
He has breakfast	at seven.	그는 7시에 아침 식사를 해.
He drinks coffee	at eight.	그는 8시에 커피를 마셔.
He goes to work	at eight-thirty.	그는 8시 30분에 출근을 해.

* 예외적으로 have는 has로 바뀐다.

2. **He works** at the office in the afternoon.

그는 오후에 사무실에서 일해.

check ⋯› checks / eat ⋯› eats / meet ⋯› meets

He checks the e-mail	at noon.	그는 정오에 이메일을 확인해.
He eats lunch	at one.	그는 1시에 점심을 먹어.
He meets his clients	at two.	그는 2시에 고객들을 만나.
He works on his reports	at four.	그는 4시에 보고서를 작성해.

WORDS

noon 정오, 낮 12시   **client** 고객   **report** 보고서

Grammar Point

 ## He studies English in the evening.

그는 저녁에 영어 공부를 해.

주어가 3인칭 단수일 때 일반동사 현재시제의 형태 변화에 주의해야 한다.
study ⋯▸ studies / take ⋯▸ takes / hang ⋯▸ hangs

He takes an English class	in the evening.	그는 저녁에 영어 수업을 들어.
He hangs out with his classmates	after the class.	그는 수업 후 반 친구들과 놀아.

* study처럼 '자음 + y'로 끝나는 동사는 y를 i로 바꾸고 '-es'를 붙인다. (hurry ⋯▸ hurries / cry ⋯▸ cries)

 ## He comes back home at night.

그는 밤에 집으로 돌아와.

come ⋯▸ comes / watch ⋯▸ watches / walk ⋯▸ walks

He watches TV		그는 밤에 TV를 봐.
He walks the dog	at night.	그는 밤에 개를 산책 시켜.
He takes a shower		그는 밤에 샤워해.

WORDS

take a class 수강하다　walk the dog 개를 산책 시키다

Speak Aloud

영어로 말해 보세요.

✓○○○○○○ | 그는 아침에 운동해.

○○○○○○○ | 그는 7시에 아침을 먹어.

○○○○○○○ | 그는 8시에 출근을 해.

○○○○○○○ | 그는 저녁에 영어 공부를 해.

○○○○○○○ | 그는 밤에 TV를 봐.

Check and Write

앞에서 말한 문장을 확인하고, 다른 표현을 활용해 새로운 문장도 만들어 보세요.

Challenge!

He works out in the morning.

_____.

내 여동생은 밤에 샤워해. ∗ take a shower 샤워하다

He has breakfast at seven.

_____.

Gina는 정오에 점심을 먹어.

He goes to work at eight.

_____.

그녀는 6시에 집에 가.

He studies English in the evening.

_____.

내 친구는 아침에 이를 닦아. ∗ brush one's teeth 이를 닦다

He watches TV at night.

_____.

그는 밤에 책을 읽어.

Answer

My sister takes a shower at night.
Gina has lunch at noon.
She goes home at six.
My friend brushes his teeth in the morning.
He reads a book at night.

Real Conversation

다음 우리말을 보고 영작하여 대화를 완성하세요.

1

What does Mike do every morning?
Mike는 매일 아침 무엇을 해?

그는 매일 아침 운동을 해.

He is so diligent.
그는 참 부지런하구나.

* diligent 부지런한, 성실한

2

Let's go to the movies with Chris in the evening!
저녁에 Chris랑 영화 보러 가자!

그는 저녁에 영어 수업을 들어.

I didn't know that. What about you then?
그건 몰랐네. 그럼 넌 어때?

ANSWER

He works out every morning.
He takes an English class in the evening.

UNIT 06
He has a beautiful smile.
필수 동사 have

#Times Square

Grammar Point

1. He has a beautiful smile.
그는 아름다운 미소를 가졌어.

물건의 소유, 가족 관계를 말할 때 동사 have(가지다)를 사용한다.
I have a car.(나는 차 한 대가 있어.) / I have a sister.(나는 여자 형제가 한 명 있어.)

Q. What does he look like? 그는 어떻게 생겼어?

He has	curly(straight) hair.	그는 곱슬 머리(생머리)를 가졌어.
	big eyes.	그는 큰 눈을 가졌어.
	a beard.	그는 턱수염이 있어.
	a mustache.	그는 콧수염이 있어.

2. I have a runny nose.
나는 콧물이 나.

have를 사용해서 병의 증상을 표현할 수 있다.
병의 증상은 단수로 취급해서 관사 a(an)을 사용한다.

I have	a headache.	나는 두통이 있어.
	a cold(the flu).	나는 감기(독감)에 걸렸어.
	a sore throat.	나는 목이 아파.(인후염이 있어.)

* headache 두통 / stomachache 복통 / toothache 치통 / backache 요통
* flu(독감)은 influenza라는 특정 바이러스에 의한 전염병이라서 앞에 the를 붙인다.
  반면, 감기는 여러 바이러스 중 하나에 의한 불특정한 병이라 a를 붙인다. the flu / a cold

WORDS

curly 곱슬거리는   straight 곧은   beard 턱수염   mustache 콧수염   runny nose 콧물   cold 감기   flu 독감
sore throat 인후염

Grammar Point

I have a light breakfast.
나는 아침을 가볍게 먹어.

What do you have for breakfast?(너는 아침 식사로 뭘 먹니?)처럼 음식을 먹거나 마실 때도 have를 사용한다.

Q. What do you have for breakfast? 아침 식사로 뭘 먹니?		
I have	some cereal.	나는 시리얼을 좀 먹어.
	some coffee.	나는 커피를 좀 마셔.
	some eggs.	나는 달걀을 좀 먹어.
I don't have	breakfast.	나는 아침 식사를 하지 않아.

I have a dream.
나는 꿈이 있어.

외모, 병명, 음식처럼 명확한 것이 아닌 추상적인 개념에도 have를 사용한다.

I have	a plan.	나는 계획이 있어.
	a hope.	나는 희망이 있어.
	a question.	나는 질문이 있어.
Have	a good time.	좋은 시간 보내.

WORDS

light 가벼운   some 약간의   cereal 시리얼   dream 꿈   plan 계획   hope 희망   question 질문, 문제

Speak Aloud

✓○○○○○○   그는 아름다운 미소를 가졌어.

○○○○○○○   나는 콧물이 나.

○○○○○○○   Tom은 여자친구가 없어.

○○○○○○○   나는 아침을 가볍게 먹어.

○○○○○○○   나는 질문이 있어.

Check and Write

앞에서 말한 문장을 확인하고, 다른 표현을 활용해 새로운 문장도 만들어 보세요.

Challenge!

He has a beautiful smile.
_____.
그녀는 귀여운 미소를 가졌어. (그녀는 웃는 게 귀여워.)

I have a runny nose.
_____.
나는 인후염이 있어. * sore throat 인후염

Tom doesn't have a girlfriend.
_____.
나는 여자친구가 없어.

I have a light breakfast.
_____.
그녀는 아침을 가볍게 먹어.

I have a question.
_____.
나는 꿈이 있어.

ANSWER

She has a cute smile.
I have a sore throat.
I don't have a girlfriend.
She has a light breakfast.
I have a dream.

Real Conversation

다음 우리말을 보고 영작하여 대화를 완성하세요.

1

What does your mom look like?
당신의 엄마는 어떻게 생기셨나요?

그녀는 긴 곱슬머리에 눈이 커요.

Like mother, like daughter.
모전여전이네요.

2

Are you alright? You look so sick.
너 괜찮니? 너 엄청 아파 보여.

나 두통이 있어.

You should leave work early today.
너 오늘은 일찍 퇴근하는 게 좋겠어.

ANSWER

She has long curly hair and big eyes.
I have a headache.

UNIT 07

It smells fantastic.

감각 동사 look, sound, smell, taste, feel

#Chelsea Market

Grammar Point

1. You look great today.
너 오늘 멋져 보여.

감각 동사는 시각, 청각, 미각, 후각, 촉각 등 사람의 오감을 표현하는 동사이다.

look, sound, smell, taste, feel (보이다, 들리다, 냄새 나다, 맛이 나다, 느끼다)

'look + 형용사'는 '(~한 상태로) 보이다'라는 뜻이다.
'~처럼 보이다'라고 말하고 싶으면 'look like + 명사'를 사용한다.

You look	so gorgeous.	너 아주 근사해 보여.
	disappointed.	너 실망한 듯 보여.
	lonely.	너 외로워 보여.
You look like	your mother.	너는 네 어머니처럼 보여.

2. It sounds good.
그거 좋게 들려.

'sound + 형용사'는 '~하게 들리다', 'sound like + 명사'는 '~처럼 들리다'라는 뜻으로 누군가의 말투, 어떤 소리, 말한 내용에 대한 표현으로 쓸 수 있다.

You sound	depressed.	네 목소리가 우울하게 들려.
	a little different.	네 목소리가 좀 다르게 들려.
It sounds like	a good idea.	그거 좋은 생각처럼 들려.

WORDS

gorgeous 멋진, 훌륭한   disappointed 실망한   lonely 외로운   depressed 우울한   like ~같이, ~처럼   different 다른

Grammar Point

3 It smells so good.
그거 아주 좋은 냄새가 나.

'smell + 형용사'는 '~한 냄새가 나다', 'smell like + 명사'는 '~같은 냄새가 나다'라는 의미이다.

| It smells | so bad. | 그거 아주 나쁜 냄새가 나. |
| It smells like | roses. | 그거 장미 같은 향이 나. |

4 It tastes sweet.
그거 달콤한 맛이 나.

'taste + 형용사'는 '~한 맛이 나다', 'taste like + 명사'는 '~같은 맛이 나다'라는 의미이다.
'feel + 형용사'는 '~한 감촉이야', 'feel like + 명사' 는 '~같은 감촉이야(느낌이야)'라는 의미이다.

It tastes	bitter.	그거 쓴맛이 나.
It tastes like	an apple.	그거 사과 같은 맛이 나.
It feels	soft.	그거 부드러운 느낌이야.
It feels like	silk.	그거 비단 같은 감촉이야.

rose 장미   sweet 달콤한   bitter 맛이 쓴   soft 부드러운   silk 비단, 실크

Speak Aloud

영어로 말해 보세요.

✓○○○○○○   **너 오늘 아주 근사해 보여.**

○○○○○○○   **네 목소리 좀 이상하게 들려.**

○○○○○○○   **그거 장미 같은 향이 나.**

○○○○○○○   **그거 피자 같은 맛이 나.**

○○○○○○○   **그거 부드러운 느낌이야.**

Check and Write

앞에서 말한 문장을 확인하고, 다른 표현을 활용해 새로운 문장도 만들어 보세요.

Challenge!

You look so gorgeous today.

_____.

너 오늘 아주 피곤해 보여.

You sound a little weird.

_____.

네 목소리가 좀 신난 것처럼 들려.

It smells like roses.

_____.

그거 코코넛 같은 향이 나. *coconut 코코넛

It tastes like pizza.

_____.

그거 커피 같은 맛이 나.

It feels soft.

_____.

그거 면화 같은 감촉이야. *cotton 면

ANSWER
You look so tired today.
You sound a little excited.
It smells like coconuts.
It tastes like coffee.
It feels like cotton.

Real Conversation

다음 우리말을 보고 영작하여 대화를 완성하세요.

1

Is this a picture of your family?
이거 당신 가족사진인가요?

Yes, it is. They are my parents.
네, 맞아요. 이분들이 저의 부모님들이에요.

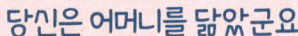
당신은 어머니를 닮았군요.

2

I am baking some pies.
나는 파이를 좀 굽고 있어.

아주 좋은 냄새가 나네.

You can try some later.
이따 좀 먹어봐.

You look like your mother.
It smells so good.

UNIT 08

Who doesn't love the firefighters?

의문사 의문문 (현재시제) who

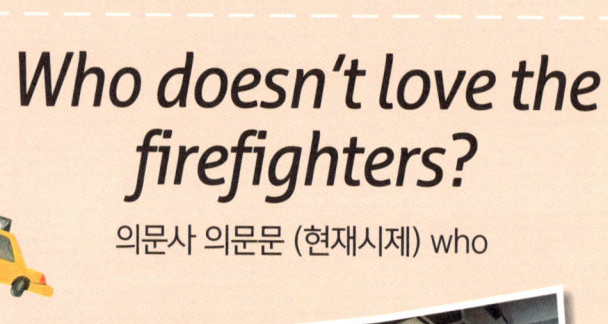

#New York City Fire Museum

Grammar Point

1. Who doesn't love firefighters?
누가 소방관을 사랑하지 않겠니?

의문사 의문문은 who(누구), when(언제), where(어디서), what(무엇을), how(어떻게), why(왜)와 같은 의문사가 문장의 맨 앞에 나온다.

'**Who** + 동사?'와 '**Who doesn't** + 동사?'는 각각 '누가 ~하니?' 그리고 '누가 ~하지 않겠어?'라는 의미이다. 이때 who는 문장의 주어로 사용되어 3인칭 단수로 취급한다.
Who knows?(누가 알아?) / Who cares?(누가 신경이나 써?)

Who		
	loves New York?	누가 뉴욕을 좋아하니?
	studies English?	누가 영어를 공부하니?
	wants this?	누가 이걸 원하니?
	doesn't love Soho?	누가 소호를 사랑하지 않겠니?

2. Who else knows about this?
또 누가 이것에 대해 알고 있니?

'**Who else** + 동사?'는 '또 누가 ~하니?'라는 의미이다. 여기서 who는 3인칭 단수 주어이므로 who 다음에 나오는 동사에 -(e)s를 붙인다.

Who else	
wants this?	또 누가 이것을 원하니?
*****is available?**	또 누가 시간이 되니?

* who가 3인칭 단수 주어이므로 현재시제에서 who에 맞는 Be동사는 is이다.

WORDS
firefighter 소방관　**else** 또 다른　**know** 알다　**available** 시간이 있는, 이용 가능한

Grammar Point

Who do you like the most?

너는 누구를 제일 좋아하니?

'Who do you + 동사원형?'은 '너는 누구를 ~하니?'라는 의미이다.

who는 문장의 목적어이지만 의문사이기 때문에 문장의 맨 앞에 위치한다.

Who do you	support more?	너는 누구를 더 지지하니?
	work with?	너는 누구와 일을 하니?

Who does she like?

그녀는 누구를 좋아하니?

'Who does he(she) + 동사원형?' 은 '그(그녀)는 누구를 ~하니?'라는 뜻으로, 주어가 he, she와 같은 3인칭 단수일 경우 do 대신 does를 사용한다.

Who does he like?	그는 누구를 좋아하니?
Who does Mike like?	마이크는 누구를 좋아하니?

###

most 가장, 가장 많이   support 지지하다, 지원하다   work with ~와 함께 일하다

Speak Aloud

영어로 말해 보세요.

누가 소호를 사랑하지 않겠니?

누가 커피를 더 원하니?

또 누가 시간이 되니?

너는 누구와 일을 하니?

그는 누구를 제일 좋아하니?

Check and Write

앞에서 말한 문장을 확인하고, 다른 표현을 활용해 새로운 문장도 만들어 보세요.

Challenge!

Who doesn't love Soho?

_____?

누가 이걸 기대하지 않겠니? * expect 기대하다

Who wants more coffee?

_____?

누가 시간이 더 필요하니?

Who else is available?

_____?

또 누가 음악에 흥미 있니? * interested 흥미를 느끼는, 관심 있어 하는

Who do you work with?

_____?

너는 누구와 이야기를 하니?

Who does he like the most?

_____?

그녀는 누구를 제일 싫어하니?

ANSWER
Who doesn't expect this?
Who needs more time?
Who else is interested in music?
Who do you talk with?
Who does she hate the most?

UNIT 08 | 의문사 의문문 (현재시제) who

Real Conversation

다음 우리말을 보고 영작하여 대화를 완성하세요.

1

We're going to New York again!
우리 뉴욕에 다시 갈 거야!

I love the city. I can't wait!
난 그 도시를 정말 좋아해. 빨리 가고 싶어!

누가 뉴욕을 사랑하지 않겠니?

2

The election is coming up.
선거가 다가오고 있어.

너는 누구를 더 지지하니?

I haven't decided yet.
아직 결정하지 못했어.

ANSWER

Who doesn't love New York?
Who do you support more?

네이티브 필수문법 in New York

UNIT 09

What's today's special?

의문사 의문문 (현재시제) what

#Soho

Grammar Point

1. What's this?
이건 뭐야?

'~는 뭐니?'하고 어떤 사물이 무엇인지 물을 때 'What is + 단수 명사?' 또는 'What are + 복수 명사?'를 사용한다.

What is	today's special?	오늘의 특별 요리는 무엇이니?
	that?	저건 뭐야?
	the difference?	그 차이점이 뭐야?
What are	those?	저것들은 뭐야?

2. What do you want?
너는 무엇을 원하니?

'What do you + 동사원형?'은 '너는 무엇을 ~하니?'라는 의미이다.

What do you	study?	너는 무엇을 공부하니?
	do?	너는 무슨 일을 하니?
	need?	너는 무엇이 필요하니?
	want for dinner tonight?	오늘 저녁 식사로 무엇을 원하니?

WORDS
special 특별한, 특별한 것   **difference** 차이점   **those** 저것들(that의 복수형)

Grammar Point

What does he need?
그는 무엇이 필요하니?

주어가 3인칭 단수일 경우 'What does + he(she) + **동사원형**?'으로 물어본다.
여기서 what은 문장의 목적어이다.

What does	**she**	**need?**	그녀는 무엇이 필요하니?
	Tom		Tom은 무엇이 필요하니?
	Julie		Julie는 무엇이 필요하니?

What makes you happy?
무엇이 너를 행복하게 만드니?

what이 의문문의 주어로 사용되면 3인칭 단수로 취급하여 '**What** + **동사(s)**?'라고 말한다.

What makes you	upset?	무엇이 너를 화나게 만드니?
	say that?	무엇이 너를 그런 말 하게 만드니? (왜 그런 말을 하니?)
	think so?	무엇이 너를 그런 생각을 하게 만드니? (왜 그렇게 생각하니?)
What brings you	here?	무엇이 너를 여기로 오게 했니? (여기 무슨 일로 왔니?)

WORDS

upset 화난   bring 가져오다   here 여기

Speak Aloud

영어로 말해 보세요.

 오늘의 특별 요리는 무엇이니?

 오늘 저녁 식사로 무엇을 원하니?

 네가 패션에 대해 뭘 안다고 그래?

 무엇이 너를 행복하게 만드니?

 여기 무슨 일로 왔니?

Check and Write

앞에서 말한 문장을 확인하고, 다른 표현을 활용해 새로운 문장도 만들어 보세요.

Challenge!

What is today's special?
_____?
오늘의 커피는 무엇이니?

What do you want for dinner tonight?
_____?
아침 식사로 무엇을 원하니?

What do you know about fashion?
_____?
네가 영화에 대해 뭘 안다고 그래?

What makes you happy?
_____?
무엇이 너를 영어공부하게 만드는 거야?

What brings you here?
_____?
뉴욕에 무슨 일로 왔니?

ANSWER
What is today's coffee?
What do you want for breakfast?
What do you know about movies?
What makes you study English?
What brings you to New York?

Real Conversation

다음 우리말을 보고 영작하여 대화를 완성하세요.

1

You can choose the plan A or B.
너는 계획 A나 B를 선택할 수 있어.

그 둘 사이의 차이점이 무엇이니?

The plan A is a little cheaper.
계획 A가 약간 더 저렴해.

2

I have to go on a diet.
나 다이어트를 해야겠어.

왜 그런 말을 해?

These pants used to fit me well.
이 바지 원래 잘 맞았었거든.

ANSWER

What is the difference between the two?
What makes you say that?

UNIT 10

When do you open?

의문사 의문문 (현재시제) when

#Broadway

Grammar Point

1. When do you open?
언제 문을 여나요?

When do you + **동사원형?**'은 '언제 ~하니?'라는 의미이다.

When do you	work out?	너는 언제 운동하니?
	feel happy?	너는 언제 행복하니?
	get off work?	너는 언제 퇴근하니?

2. When does he get off work?
그는 언제 퇴근하니?

주어가 3인칭 단수일 경우 '**When does** + **he(she)** + **동사원형?**'으로 do가 does로 바뀐다.

When does	**she** play the piano?	그녀는 언제 피아노를 치니?
	Sarah use a computer?	Sarah는 언제 컴퓨터를 쓰니?

WORDS
open 열다   work out 운동하다   get off work 퇴근하다

Grammar Point

 ## Since when do you care about me?

언제부터 네가 나를 신경 썼다고 그래?

'**Since when do you** + 동사원형?'은 when 앞에 sicne(~ 이후로)가 함께 쓰여 '네가 언제부터 ~했다고 그래?'의 뉘앙스를 나타내거나 상대방이 무언가를 언제부터 했는지 궁금할 때 사용한다.

Since when do you	study English?	언제부터 네가 영어공부를 했니?
	read books?	언제부터 네가 책을 읽었다고 그래?

 ## When is your birthday?

너의 생일은 언제지?

날짜나 시기를 물을 때 '**When is** + 명사(구)?'를 사용한다.

When is	the due date?	마감 날짜가 언제지?
	the report due?	그 보고서 마감이 언제지?
	the best time to visit New York?	뉴욕을 방문하기 가장 좋은 때가 언제지?

WORDS

since when 언제부터   **due date** 마감일   **best** 가장 좋은, 최고의   **visit** 방문하다

Speak Aloud

영어로 말해 보세요.

○○○○○○○ 너는 언제 퇴근하니?

○○○○○○○ 언제부터 네가 나를 신경 썼다고 그래?

○○○○○○○ 언제 문을 여나요?

○○○○○○○ 마감 날짜가 언제지?

○○○○○○○ 뉴욕을 방문하기 가장 좋은 때가 언제지?

Check and Write

앞에서 말한 문장을 확인하고, 다른 표현을 활용해 새로운 문장도 만들어 보세요.

Challenge!

When do you get off work?

_____?

그녀는 언제 퇴근하니?

Since when do you care about me?

_____?

네가 언제부터 그렇게 생각했다고 그래?

When do you open?

_____?

언제 문을 닫나요?(상점에서)

When is the due date?

_____?

그 축제가 언제지? * festival 축제

When is the best time to visit New York?

_____?

만나기 가장 좋을 때가 언제야?

ANSWER
When does she get off work?
Since when do you think like that?
When do you close?
When is the festival?
When is the best time to meet?

Real Conversation

다음 우리말을 보고 영작하여 대화를 완성하세요.

1

You need to eat healthy.
너는 건강하게 먹어야 해.

언제부터 네가 나를 신경 썼다고 그래?

Always.
늘 그래왔어.

2

그 보고서 마감이 언제지?

Next Friday.
다음 주 금요일이야.

I don't need to hurry, then.
그럼 서두를 필요 없네.

ANSWER

Since when do you care about me?
When is the report due?

UNIT **11**

Where is the Apollo Theater?

의문사 의문문 (현재시제) where

#Harlem #Apollo Theater

Grammar Point

1. Where is the bus stop?
버스 정류장이 어디에 있니?

'Where + Be동사 + 주어?'는 위치를 묻는 표현으로 '~가 어디에 있니?'라는 의미이다. 사람, 장소, 물건 등이 어디에 있는지 다양하게 물어볼 수 있는데, 뒤에 오는 명사에 맞게 Be동사를 일치시켜야 한다.

Where is	the nearest convenience store?	가장 가까운 편의점이 어디에 있니?
	the line?	줄을 어디에서 서니?
Where am	I?	여기가 어디지?
Where are	they?	그들은 어디에 있니?

2. Where do you work?
너는 어디서 일하니?

'Where do you + 동사원형?'은 상대방이 어디서 무얼 하는지 묻는 표현으로 '너 어디서 ~하니?'라는 의미이다.

Where do you	live?	너는 어디에서 사니?
	want to go?	너는 어디에 가고 싶니?
	hang out with your friends?	너는 네 친구들과 어디에서 놀아?

WORDS

bus stop 버스 정류장   near 가까운   convenience store 편의점   live 살다   hang out 어울려 놀다

Grammar Point

 ## Where does he work?
그는 어디에서 일하니?

'어디서~하니?'는 무조건 where로 시작하고 주어가 3인칭 단수일 경우
'**Where does** + he(she) + 동사원형?'라고 말한다

Where does	she work?	그녀는 어디에서 일하니?
	your family live now?	너의 가족은 지금 어디에서 사니?
	Jenna shop for shoes?	Jenna는 어디에서 신발 쇼핑을 하니?

 ## Where can I work?
어디에서 일하면 되나요?

'**Where can I** + 동사원형?'은 '내가 어디에서 ~할 수 있지?' 혹은 '어디서 ~하면 되지?'라는 의미이다. 내가 어떤 것을 할 수 있는 장소를 물어볼 때 쓸 수 있다.

Where can I	reach you?	어디로 연락하면 되나요?
	grab a taxi?	어디에서 택시를 잡을 수 있나요?
	get some coffee?	어디에서 커피를 얻을 수 있나요?

WORDS
shop 쇼핑하다　**reach** ~에 닿다, 연락하다　**grab** 잡다　**get** 얻다

Speak Aloud

영어로 말해 보세요.

✓○○○○○○ **가장 가까운 편의점이 어디에 있니?**

○○○○○○○ **너는 네 친구들과 어디에서 어울려 놀아?**

○○○○○○○ **그는 어디에서 일하니?**

○○○○○○○ **제가 어디로 연락하면 되나요?**

○○○○○○○ **면세품은 어디에서 찾을 수 있나요?**
* 면세품 duty free items / 찾다 pick up

Check and Write

앞에서 말한 문장을 확인하고, 다른 표현을 활용해
새로운 문장도 만들어 보세요.

Challenge!

Where is the nearest convenience store?

_____?

가장 가까운 카페가 어디에 있니?

Where do you hang out with your friends?

_____?

너는 친구들을 주로 어디에서 만나니?

Where does he work?

_____?

그녀는 어디에서 사니?

Where can I reach you?

_____?

차는 어디에서 빌릴 수 있니? ※ rent 빌리다

ANSWER
Where is the nearest café?
Where do you usually meet your friends?
Where does she live?
Where can I rent a car?
Where can I charge my cell phone?

Where can I pick up my duty free items?

_____?

어디에서 내 휴대전화를 충전할 수 있니?

Real Conversation

다음 우리말을 보고 영작하여 대화를 완성하세요.

1

이 근처에 버스 정류장이 어디에 있니?

 I'm sorry, but I have no idea.
미안한데 나도 잘 몰라.

It's alright. Thank you, anyway.
괜찮아. 어쨌든 고마워.

2

어디에서 택시를 잡을 수 있나요?

 The taxi stand is over there.
택시 승차장은 저기에 있어요.

Thank you very much.
정말 고마워요.

Where is the bus stop near here?
Where can I grab a taxi?

UNIT 12

How do I get to the Empire State Building?

의문사 의문문 (현재시제) how, why

#Empire State Building

Grammar Point

1. How do I get there?
나는 거기에 어떻게 가나요?

'How do I + 동사원형?'은 '내가 어떻게 ~하죠?'라는 뜻으로 방법을 묻는 표현이다.
유사 표현으로 'How can I + 동사원형?'이 있다.

How do I	get to the Empire State Building? 엠파이어 스테이트 빌딩에 어떻게 가나요? upload a video to YouTube? 유튜브에 동영상을 어떻게 올리나요?

2. How do you like the new camera?
새 카메라가 마음에 드니?

'How do you like + 명사?'는 '~는 어때?, ~가 마음에 드니?'라고 물어볼 때 쓴다.

How do you like	the weather here?	여기 날씨가 마음에 드니?
	your new job?	새 직장은 마음에 드니?
	the food?	그 음식은 마음에 드니?

* 상대방의 안부를 묻는 질문으로 'How are you?' 외의 표현들도 꼭 익혀두자.
  How are you? = How is it going? = How is everything with you? = How are you doing?
  (너 어떻게 지내?)

WORDS
get 도달하다, 이르다   **upload** 업로드하다   **new** 새로운   **job** 일, 직장

Grammar Point

Why do you ~?
vs. Why are you ~?

'Why do you + 동사원형?'은 상대방의 행동에 대한 이유를 묻는 표현으로 '왜 ~하니?'라는 의미이다.

'Why are you + 형용사?'는 상대방의 기분 등 상태의 이유를 묻는 표현으로 '왜 ~한 (상태)이니?'라는 의미이다.

Why do you	study English?	너는 왜 영어 공부를 하니?
	look so tired?	너는 왜 그렇게 피곤해 보이니?
Why are you	so depressed?	너는 왜 그렇게 우울해하니?
	so naive?	너는 왜 그렇게 순진하니?
	so forgetful?	너는 왜 그렇게 건망증이 심하니?

Why don't you give it a shot?
네가 한 번 시도해 보는 게 어때?

'Why don't + you / I / we ~?'은 상대방에게 권유, 제안하는 표현으로 '~하는 게 어떠니?'라는 의미이다.

Why don't	I try this on?	내가 이거 한 번 입어보는 게 어때?
	we take a rest?	우리 쉬는 게 어때?

WORDS

look ~하게 보이다　**tired** 피곤한　**depressed** 우울한　**naive** 순진한　**give it a shot** 시도하다　**try on** 한 번 입어보다　**take a rest** 쉬다

Speak Aloud

영어로 말해 보세요.

✓○○○○○○ 엠파이어 스테이트 빌딩에 어떻게 가나요?

○○○○○○○ 유튜브에 동영상을 어떻게 올리니?

○○○○○○○ 여기 날씨가 마음에 드니?

○○○○○○○ 너는 왜 그렇게 피곤해 보이니?

○○○○○○○ 너는 왜 그렇게 건망증이 심하니?

Check and Write

앞에서 말한 문장을 확인하고, 다른 표현을 활용해 새로운 문장도 만들어 보세요.

How do I get to the Empire State Building?

Challenge!

✎ _____?

자유의 여신상에 어떻게 가니? * the Statue of Liberty 자유의 여신상

How do I upload a video to YouTube?

✎ _____?

내가 너한테 어떻게 연락하지? * reach (전화로) 연락하다

How do you like the weather here?

✎ _____?

이 도시가 마음에 드니?

Why do you look so tired?

✎ _____?

너는 왜 그렇게 슬퍼 보이니?

Why are you so forgetful?

✎ _____?

너는 왜 그렇게 바쁘니?

ANSWER
How do I get to the Statue of Liberty?
How do I reach you?
How do you like this city?
Why do you look so sad?
Why are you so busy?

Real Conversation

다음 우리말을 보고 영작하여 대화를 완성하세요.

1

새 카메라가 마음에 드니?

I love it. I took so many pictures here in New York.
아주 좋아. 여기 뉴욕에서 사진을 많이 찍었어.

That's great.
잘됐네.

2

Are you going to visit the museum?
너는 박물관에 갈 거니?

Yes, of course. 거기에 어떻게 가니?
물론이지.

Why don't you use Google Maps?
구글맵을 사용하는 게 어때?

ANSWER

How do you like the new camera?
How do I get there?

네이티브 필수문법 in New York

UNIT 13

How much is it?

의문사 의문문 (현재시제)
how much, how many, how long, how often

#Macy's

Grammar Point

1 How much is it?
그건 얼마예요?

'~ 얼마예요?'하고 가격을 물어볼 때 'How much ~?'를 사용한다.

셀 수 없는 명사의 양이나 정도를 나타낼 때는 'How much + 셀 수 없는 명사~?'를 사용한다.

How much	is that?	저건 얼마예요?
	is the bus fare?	버스 요금은 얼마예요?
How much	money do you have?	너는 돈을 얼마나 가지고 있니?
	coffee do you drink a day?	너는 하루에 커피를 얼마나 많이 마시니?

2 How many times do I have to explain?
내가 몇 번이나 설명해야 하니?

사람이나 사물의 수를 물어볼 때 'How many + 셀 수 있는 명사(복수형) ~?'을 사용한다.

	cups of coffee do you drink a day?	하루에 커피를 몇 잔 마시니?
How many	people are there in your family?	가족이 모두 몇 명이니?
	books do you read a month?	한 달에 책을 몇 권 읽니?

WORDS

fare 요금　money 돈　drink 마시다　a day 하루에　have to ~해야 하다　explain 설명하다　a month 한 달에

Grammar Point

 ## How long does it take?

시간이 얼마나 걸리니?

'How long does it take?'는 '시간이 얼마나 걸려?'라고 질문할 때 자주 사용한다.

여기서 동사 take는 '(얼마의 시간이) 걸리다'라는 뜻으로 사용된다.

How long does it take to get there?		거기 가는 데 얼마나 걸리니?
How long does it take to get to the airport?		공항에 가는 데 얼마나 걸리니?
It takes	30 minutes.	30분 걸려.
	an hour.	1시간 걸려.
	2 hours.	2시간 걸려.

 ## How often do you go to the movies?

너는 영화 보러 얼마나 자주 가니?

'How often do you + 동사원형?'은 '얼마나 자주 ~하니?'라는 뜻으로 빈도수를 묻는 표현이다.

How often do you	go jogging? 너는 조깅하러 얼마나 자주 가니?
	go to the gym? 너는 체육관에 얼마나 자주 가니?
	hang out with your friends? 너는 친구들과 얼마나 자주 노니?

WORDS

airport 공항 **minute** 분 **hour** 시간 **gym** 체육관

Speak Aloud

영어로 말해 보세요.

○○○○○○○ 버스 요금은 얼마예요?

○○○○○○○ 가족이 모두 몇 명이야?

○○○○○○○ 하루에 커피를 얼마나 많이 마시니?

○○○○○○○ 거기 가는 데 얼마나 걸리니?

○○○○○○○ 너는 얼마나 자주 영화를 보러 가니?

Check and Write

앞에서 말한 문장을 확인하고, 다른 표현을 활용해 새로운 문장도 만들어 보세요.

Challenge!

How much is the bus fare?

_____?
택시 요금은 얼마예요?

How many people are there in your family?

_____?
이 도서관에 책이 몇 권 있나요? * library 도서관

How much coffee do you drink a day?

_____?
하루에 물을 얼마나 마시니?

How long does it take to get there?

_____?
은행까지 가는 데 시간이 얼마나 걸리니?

How often do you go to the movies?

_____?
너는 얼마나 자주 외식하니? * eat out 외식하다

ANSWER
How much is the taxi fare?
How many books are there in the library?
How much water do you drink a day?
How long does it take to get to the bank?
How often do you eat out?

Real Conversation

다음 우리말을 보고 영작하여 대화를 완성하세요.

1

한 달에 책을 몇 권 읽니?

I read eight books at least.
적어도 8권은 읽어.

Wow, that's a lot.
와, 엄청 많네.

2

I have to pick up my sister at the airport today.
나는 오늘 공항에 여동생을 마중 나가야 해.

공항까지 가는 데 시간이 얼마나 걸리니?

It takes about an hour.
1시간 정도 걸려.

How many books do you read a month?
How long does it take to get to the airport?

UNIT 14

They are on the street.

장소를 말해주는 전치사

#The Metropolitan Museum of Art

Grammar Point

1. It's **in** the box.

그것은 상자 안에 있어.

장소 전치사는 명사 앞에서 장소나 위치의 의미를 나타낸다.
'**in**(~ 안에), **on**(~ 위에), **under**(~ 아래에), **behind**(~ 뒤에), **next to**(~ 옆에), **between**(~ 사이에), **in front of**(~ 앞에)'

Q. Where is the cat?

It's **in** the box. 그건 상자 안에 있어.

It's **on** the box. 그건 상자 위에 있어.

It's **under** the box. 그건 상자 아래에 있어.

It's **behind** the box. 그건 상자 뒤에 있어.

It's **next to** the box. 그건 상자 옆에 있어.

It's **in front of** the box. 그건 상자 앞에 있어.

It's **between** the boxes. 그건 상자들 사이에 있어.

Grammar Point

2. It's on the wall.
그것은 벽에 붙어있어.

접촉 면에 닿아 있으면 **전치사 on**을 사용한다.

Q. Whrere is the picture?

| It's on | the floor. | 그것은 바닥 위에 있어. |
| | the ceiling. | 그것은 천장에 붙어있어. |

3. They're in the box.
그것들은 상자 안에 있어.

물어보는 명사가 복수일 때 be동사도 are로 달라진다는 것에 주의해야 한다.
'Where are + 복수명사?'라고 물으면, 'They're ~'라고 답한다.

Q. Whrer are the cats?

They're	on the bed.	고양이들은 침대 위에 있어.
	under the bed.	고양이들은 침대 아래에 있어.
	behind the bed.	고양이들은 침대 뒤에 있어.

WORDS
wall 벽   floor 바닥   ceiling 천장   sofa 소파

Speak Aloud

영어로 말해 보세요.

 그 고양이는 의자 위에 있어.

 그 고양이는 의자와 바구니 사이에 있어.

 그 고양이는 의자 아래에 있어.

 그 고양이는 의자 뒤에 있어.

 그 고양이는 의자 옆에 있어.

Check and Write

앞에서 말한 문장을 확인하고, 다른 표현을 활용해 새로운 문장도 만들어 보세요.

Challenge!

The cat is on the chair.

_____

그 강아지는 침대 위에 있어.

The cat is between the chair and the basket.

_____

그 나무는 은행과 도서관 사이에 있어. * bank 은행

The cat is under the chair.

_____

그 가방은 책상 아래에 있어.

The cat is behind the chair.

_____

그 식당은 박물관 뒤에 있어. * restaurant 식당 / museum 박물관

The cat is next to the chair.

_____

그 남자는 Mary 옆에 있어.

ANSWER
The dog is on the bed.
The tree is between the bank and the library.
The bag is under the desk.
The restaurant is behind the museum.
The man is next to Mary.

Real Conversation

다음 우리말을 보고 영작하여 대화를 완성하세요.

1

Where is the picture of your family?
너의 가족사진은 어디에 있니?

그것은 내 책상 위에 있어.

Oh, there it is. You look happy.
아, 여기에 있네. 너 행복해 보여.

2

I'm packing for my trip to New York.
나는 뉴욕 여행을 위해 짐을 싸고 있어.

Where are all your cosmetics?
네 화장품은 모두 어디에 있니?

그것들은 이 파우치 안에 있어.

* pouch 파우치, 주머니

ANSWER

It's on my desk.
They're in the pouch.

UNIT 15

There are a lot of modern masterworks here.

There is + 단수 명사 / There are + 복수 명사

(The Museum of Modern Art) #MOMA

Grammar Point

1 There is **a book on the desk.**

책상 위에 책 한 권이 있어.

'~이 있다'라는 의미를 나타낼 때 'There is + 단수 명사' 또는 'There are + 복수 명사'를 사용한다.

셀 수 있는 명사가 한 개 일 때, 그 앞에 '한 개'를 뜻하는 관사 a(an)을 붙인다.

There is	a pen on the desk.	책상 위에 펜이 하나 있어.
	some books.	책이 좀 있어.
There are	a lot of books in the library.	도서관에 책이 많이 있어.
	a lot of modern masterworks here.	여기에 많은 현대 예술 작품들이 있어.

2 There is some **water in the fridge.**

냉장고에 물이 좀 있어.

셀 수 없는 명사는 양이 적든 많든 단수로 취급하므로, 'There is + 셀 수 없는 명사'로 표현한다. 셀 수 없는 명사 앞에 한 개를 뜻하는 관사 a(an)을 붙이지 않는 것에 주의해야 한다

There is some	juice in the fridge.	냉장고에 주스가 좀 있어.
There is a lot of	chocolate in the fridge.	냉장고에 초콜릿이 많이 있어.
	bread in the fridge.	냉장고에 빵이 많이 있어.

WORDS

modern 현대의   **masterwork** 명작, 걸작(=masterpiece)   **fridge** 냉장고

Grammar Point

3. There is some wine.
와인이 좀 있어.

수의 개념이 모호하고 일일이 세기 힘든 것과 액체나 덩어리로 된 것, 알갱이가 너무 작은 것은 '셀 수 없는 명사'로 취급한다.
ex) wine, glue, cake, bread, rice, popcorn, cheese, sugar, salt, money…

There is some	cake.	케이크가 좀 있어.
	rice.	밥이 좀 있어.
	salt.	소금이 좀 있어.
	cheese.	치즈가 좀 있어.

4. There's always tomorrow.
항상 내일이 있어.

'There's always ~'는 '~은 항상 있다, ~는 늘 있기 마련이다'라는 의미이다.

There's always	hope.	항상 희망이 있어.
	next time.	항상 다음이 있어.
	another chance.	항상 또 다른 기회가 있어.

WORDS
rice 쌀,밥   **salt** 소금   **always** 항상   **hope** 희망   **next** 다음의   **another** 또 다른   **chance** 기회

Speak Aloud

영어로 말해 보세요.

✓○○○○○○ 도서관에 책이 많이 있어.

○○○○○○○ 냉장고에 치즈가 좀 있어.

○○○○○○○ 내 가방 안에 돈이 좀 있어.

○○○○○○○ 여기에 현대 예술 작품들이 많이 있어.

○○○○○○○ 항상 희망이 있어.

Check and Write

앞에서 말한 문장을 확인하고, 다른 표현을 활용해 새로운 문장도 만들어 보세요.

Challenge!

There are a lot of books in the library.
_____.
도서관에 사람들이 많이 있어.

There's some cheese in the fridge.
_____.
냉장고에 우유가 좀 있어.

There's some money in my bag.
_____.
내 가방에 물이 좀 있어.

There are a lot of modern masterworks here.
_____.
그 공원에 나무들이 많이 있어.

There's always hope.
_____.
항상 방법은 있어. *way 방법

ANSWER
There are a lot of people in the library.
There's some milk in the fridge.
There's some water in my bag.
There are a lot of trees in the park.
There's always a way.

Real Conversation

다음 우리말을 보고 영작하여 대화를 완성하세요.

1

I'm just bored to death.
나 지루해 죽겠어.

책상 위에 재미있는 책 한 권이 있어.

Oh, I will read it.
오, 그걸 읽어야겠네.

2

Did you get a good grade on the test?
시험 성적 잘 받았니?

No. I'm not satisfied with the result.
아니. 결과가 만족스럽지 않아.

Cheer up! 항상 또 다른 기회가 있기 마련이야.
기운 내!

ANSWER

There's an interesting book on the desk.
There's always another chance.

UNIT 16

Is there a bookstore near here?

Is there ~? / Are there ~? 의문문

#STRAND Book Store

Grammar Point

1. Is there a bookstore near hear?

이 근처에 서점이 있니?

'~가 있니?'라고 물어보는 표현으로 'Is there + 단수명사?'를 사용하며
'Yes, there is.' 또는 'No, there isn't.'로 대답한다.

Is there	any water in the fridge?	냉장고에 물이 있니?
	any cheese in the fridge?	냉장고에 치즈가 있니?
	a restroom here?	여기 화장실이 있니?
Yes, there is.		응, 있어.
No, there isn't.		아니, 없어.

2. Are there any questions for me?

나에게 질문이 있니?

'~가 있니?'라고 물어볼 때 'Are there + 복수명사?'를 사용할 수 있고,
'Yes, there are.' 또는 'No, there aren't.' 로 대답한다.

Are there	any books on the table?	탁자 위에 책이 있니?
	any good restaurants near here?	이 근처에 괜찮은 식당이 있니?
Yes, there are.		응, 있어.
No, there aren't.		아니, 없어.

WORDS

bookstore 서점   restroom 화장실   question 질문   near 근처의

Grammar Point

3 There isn't any water.

물이 하나도 없어.

'~가 하나도 없다'라는 표현은 'There isn't any ~' 또는 'There aren't any ~'를 사용한다.

There isn't any	cheese.	치즈가 하나도 없어.
	milk.	우유가 하나도 없어.
There aren't any	books.	책이 한 권도 없어.
	apples.	사과가 한 개도 없어.

 There's no answer.

답이 없어.

'~가 하나도 없다, 전혀 없다'는 'There's no + 단수명사'를 사용해 간단하게 말할 수 있다.

	time for that.	그럴 시간이 없어.
	room.	자리가 없어.
There's no	difference between the two.	그 둘 사이에는 차이가 없어.
	one like you.	당신 같은 사람은 없어. (당신이 최고야.)
	place like home.	집과 같은 곳은 없어. (집이 최고야.)

WORDS

room 공간, 자리   **difference** 차이점   **between** ~ 사이에   **place** 장소

Speak Aloud

영어로 말해 보세요.

이 근처에 서점이 있니?

냉장고에 물이 좀 있니?

냉장고에 치즈가 많이 없어.

그 둘 사이에 차이가 없어.

이 세상에 당신 같은 사람은 없어.

Check and Write

앞에서 말한 문장을 확인하고, 다른 표현을 활용해 새로운 문장도 만들어 보세요.

Challenge!

Is there a bookstore near here?

_____?

이 근처에 은행이 있니? * bank 은행

Is there any water in the fridge?

_____?

냉장고에 버터가 좀 있니? * butter 버터

There isn't much cheese in the fridge.

_____.

냉장고에 주스가 많이 없어.

There's no difference between the two.

_____.

그 둘 사이에는 비슷한 점이 없어. * similarity 비슷한 점

There's no one like you in the world.

_____.

이 세상에 우리와 같은 팀은 없어. * team 팀

ANSWER
Is there a bank near here?
Is there any butter in the fridge?
There isn't much juice in the fridge.
There's no similarity between the two.
There's no team like us in the world.

Real Conversation

다음 우리말을 보고 영작하여 대화를 완성하세요.

1

여기 화장실이 있니?

Yes, there is. Go upstairs.
응, 있어. 위층으로 올라가.

Thank you.
고마워.

2

I went hiking yesterday. I'm so tired.
어제 하이킹하러 갔었어. 정말 피곤하네.

You need to take a rest at home.
너는 집에서 좀 쉬어야겠어.

집과 같은 곳은 없지.

ANSWER

Is there a restroom here?
There's no place like home.

UNIT 17

Go straight and turn right at the corner.

명령문

#New York City
Public Transportation

Grammar Point

1 Go straight.
곧바로 가세요. (직진하세요.)

명령문은 주어 You를 생략하고 동사원형으로 시작한다.
명령할 때 뿐만 아니라 제안, 안내, 사용법 등에 사용된다.

Study hard.	공부를 열심히 하세요.
Be quiet.	조용히 하세요.

2 Stand behind the white line.
흰색 선 뒤에 서세요.

상황에 따른 명령문

Keep to the right.	우측통행 하세요.
Push bar for emergency exit.	비상출구 바를 누르세요.
Look up countdown clocks.	카운트다운 시계를 올려다보세요.

WORDS

straight 곧장, 곧바로　hard 열심히　quiet 조용한　stand 서다　behind ~ 뒤에　keep 머무르다, 유지하다　right 오른쪽
push 누르다　bar 봉, 막대기　emergency exit 비상구　look up 올려다 보다

Grammar Point

 ## Don't be late.

늦지 마세요.

'~을 하지마, ~하지 마세요'라는 뜻의 부정 명령문은 'Don't + 동사원형'을 사용한다.

Don't (=Do not)	do that.	그거 하지 마세요.
	cross.	길 건너지 마세요.
Please do not	stand in door area while bus is in motion.	버스 운행 시 문 근처에 서 있지 마세요.

* 명령문 앞에 please를 붙이면 공손한 표현이 된다.

 ## Please no smoking.

담배 피우지 마세요.

'~하지 마세요'라는 뜻의 또 다른 부정 명령문으로 'No + 동사원형ing'를 사용한다.

	littering.	쓰레기 버리지 마세요.
Please no	spitting.	침 뱉지 마세요.
	radio playing.	라디오를 켜지 마세요.

###

late 늦은   cross 건너다, 가로지르다   area 구역, 부분   smoke 흡연하다   litter (쓰레기를) 버리다   spit (침을) 뱉다

Speak Aloud

영어로 말해 보세요.

✓○○○○○○ **직진하다 코너에서 오른쪽으로 도세요.**

○○○○○○○ **흰색 선 뒤에 서세요.**

○○○○○○○ **우측통행 하세요.**

○○○○○○○ **버스 운행 시 문 근처에 서 있지 마세요.**

○○○○○○○ **담배 피우지 마세요.**

Check and Write

앞에서 말한 문장을 확인하고, 다른 표현을 활용해
새로운 문장도 만들어 보세요.

Challenge!

Go straight and turn right at the corner.

_____.

직진하다 코너에서 좌측으로 도세요.

Stand behind the white line.

_____.

흰색 선 안에 서 있지 마세요.

Keep to the right.

_____.

좌측통행 하세요.

Please do not stand in door area while bus is in motion.

_____.

버스 운행 시 걸어다니지 마세요.

Please no smoking.

_____.

이야기하지 마세요.

ANSWER
Go straight and turn left at the corner.
Don't stand in the white line.
Keep to the left.
Please do not walk around while bus is in motion.
Please no talking.

Real Conversation

다음 우리말을 보고 영작하여 대화를 완성하세요.

1

Nobody talks here.
여기는 아무도 이야기를 하지 않네요.

We're in the library. <u>조용히 하세요.</u>
우리 도서관이에요.

Oops! Sorry.
아이고! 죄송해요.

2

<u>라디오 켜지 마세요.</u>

Why not? I'm bored.
왜 안되나요? 전 심심해요.

We need to focus on the task.
우리는 과제에 집중해야 해요.

ANSWER
Be quiet.
Please no radio playing.

UNIT 18

May I try some?
조동사 1

#Chelsea Market

Grammar Point

1. I can go.
나는 갈 수 있어.

조동사는 can, may, must 등과 같이 동사 앞에서 의미를 더해 주는 역할을 한다.
조동사 다음에 반드시 동사원형을 써야 하는 것에 주의해야 한다

기본 형태	주어 + 조동사 + 동사원형
조동사 의문문	조동사 + 주어 + 동사원형?
조동사 부정문	주어 + 조동사 + not + 동사원형

You	can	go.	너는 갈 수 있어.
He	can	go.	그는 갈 수 있어.
Can	you	come?	너 올 수 있어?
I	cannot(can't)	go.	나는 갈 수 없어.

2. May I try some?
맛 좀 볼 수 있을까요?

상대방에게 허락을 구하는 표현 '**May I ~?** / **Could I ~?** / **Can I ~?**' (제가 ~해도 되나요?)

긍정의 대답 Sure. / Certainly. / Please do so. / Go ahead.
거절의 대답 I'm sorry, but you can't.(죄송하지만 안됩니다.)

Could I	ask for more?	더 요청해도 될까요?
	sit here?	여기 앉아도 되나요?
Can I	see the menu?	메뉴 좀 볼 수 있을까요?
	try this on?	이거 입어 봐도 될까요?

WORDS
try 시도하다   sit 앉다   try on 입어보다

Grammar Point

Would you turn down the music?
음악 좀 줄여 주시겠어요?

'Would you ~?'는 '당신이 ~해 주시겠어요?'하고 상대방에게 공손하게 부탁하는 표현이다.

'Would you ~? / Could you ~?'는 공손한 표현이고, 'Will you ~? / Can you ~?'는 좀 더 편한 사이에서 부탁하는 표현이다.

긍정의 대답 Sure. / Certainly. / No problem. / Of course.
부정의 대답 I'm sorry, but I can't. / I'd like to, but I can't.

Could you	help me with this?	이거 좀 도와주시겠어요?
Will you	answer the door?	누가 왔는지 나가봐 줄래요?
Can you	get me some coffee?	커피 좀 줄래요?

May I borrow your pen?
당신의 펜을 빌릴 수 있을까요?

공손함의 정도   formal ←·············→ casual
May I ~? ⇢ Could I ~? ⇢ Can I ~?

공손하게 예의를 갖춘 표현   Would you ~? / Could you ~?
친한 사이의 편한 표현   Will you ~? / Can you ~?

May(Could, Can) I borrow your pen?
당신의 펜을 빌릴 수 있을까요?

Would(Could, Can) you show me your ticket?
티켓 좀 보여주시겠어요?

WORDS
turn down (소리를) 줄이다   **borrow** 빌리다   **show** 보여주다

Speak Aloud

영어로 말해 보세요.

✓○○○○○○ **맛 좀 볼 수 있을까요?**

○○○○○○○ **이거 입어 봐도 될까요?**

○○○○○○○ **누가 왔는지 나가봐 줄래요?**

○○○○○○○ **메뉴 좀 볼 수 있을까요?**

○○○○○○○ **음악 소리 좀 줄여 줄래?**

Check and Write

앞에서 말한 문장을 확인하고, 다른 표현을 활용해 새로운 문장도 만들어 보세요.

Challenge!

Could I try some?

_____?

창문 좀 열어도 될까요?

May I try this on?

_____?

이 컴퓨터 좀 써도 될까요?

Could you answer the door?

_____?

저를 소개해 주실 수 있나요? * introduce 소개하다

May I see the menu?

_____?

목록 좀 볼 수 있을까요? * list 목록

Can you turn down the music?

_____?

불 좀 켜 줄래? * turn on 켜다 / light 불

ANSWER

Could I open the window?
May I use this computer?
Could you introduce me?
May I see the list?
Can you turn on the light?

Real Conversation

다음 우리말을 보고 영작하여 대화를 완성하세요.

1

What is the most popular flavor?
가장 인기 있는 맛은 무엇인가요?

People love mint chocolate.
민트 초콜릿이 잘나가요.

맛 좀 볼 수 있을까요?

2

This dress comes in size L as well.
이 드레스는 L 사이즈도 나와요.

이거 입어 봐도 될까요?

Sure.
그럼요.

ANSWER

Can I try some?
May I try this on?

UNIT **19**

You must not park here.
조동사 2

#New York City Metro

Grammar Point

1 You should take a rest.
쉬는 게 좋겠어요.

'You should + 동사원형'은 상대방에게 충고하는 표현으로 '너 ~하는 게 좋겠다'라는 의미이다.

You should	take some medicine.	약을 좀 먹는 게 좋겠어요.
	go to see a doctor.	진찰받으러 가는 게 좋겠어요.
	eat something.	뭘 좀 먹는 게 좋겠어요.

2 You shouldn't go out.
외출하지 않는 게 좋겠어요.

'You should not(shouldn't) + 동사원형'은 '너 ~하지 않는 게 좋겠다'라고 충고하는 표현이다. 조동사의 부정은 조동사 뒤에 not을 붙이면 된다.

You shouldn't	work too hard.	일을 너무 열심히 하지 않는 게 좋겠어요.
	drink too much.	술을 너무 많이 마시지 않는 게 좋겠어요.
	talk too much.	너무 많이 말하지 않는 게 좋겠어요.

take a rest 휴식하다   medicine 약   see a doctor 진찰받다, 병원에 가다   go out 외출하다   drink 술 마시다

Grammar Point

3. You can park here.
여기에 주차해도 돼요.

다양한 조동사를 사용해 문장의 뉘앙스를 만들 수 있다.

- can ~해도 된다 (허가)
- must 반드시 ~해야 한다 (의무)
- must not ~하면 안 된다 (금지)

You	can	park here.	여기에 주차해도 됩니다.
	must		여기에 주차해야만 합니다.
	must not		여기에 주차하면 안 됩니다.

ONE STEP FURTHER

 You **must** stop. — 멈춰야 합니다.

 You **must not** enter. — 들어가면 안 됩니다.

 You **must** buckle up. — 안전벨트를 매야 합니다.

 You **must not** ride a bicycle here. — 여기서 자전거 타면 안 됩니다.

WORDS

park 주차하다   stop 멈추다   enter 들어가다   buckle up 안전벨트를 매다   ride a bicycle 자전거 타다

Speak Aloud

영어로 말해 보세요.

✓○○○○○○ **당신은 쉬는 게 좋겠어요.**

○○○○○○○ **당신은 외출하지 않는 게 좋겠어요.**

○○○○○○○ **여기에 주차해도 됩니다.**

○○○○○○○ **안전벨트를 매야만 합니다.**

○○○○○○○ **여기서 자전거 타면 안 됩니다.**

Check and Write

앞에서 말한 문장을 확인하고, 다른 표현을 활용해
새로운 문장도 만들어 보세요.

Challenge!

You should take a rest.

_____.

당신은 운동하는 게 좋겠어요.   * work out 운동하다

You shouldn't go out.

_____.

당신은 담배 피우지 않는 게 좋겠어요.   * smoke 담배 피우다

You can park here.

_____.

당신은 여기서 사진 찍어도 됩니다.   * take a picture 사진 찍다

You must buckle up.

_____.

당신은 시간을 지켜야만 합니다.   * be on time 시간을 지키다

You must not ride a bicycle here.

_____.

당신은 쓰레기를 버리면 안 됩니다.   * throw away 버리다 / garbage 쓰레기

ANSWER
You should work out.
You shouldn't smoke.
You can take a picture here.
You must be on time.
You must not throw away
the garbage.

Real Conversation

다음 우리말을 보고 영작하여 대화를 완성하세요.

1

I feel dizzy today.
저 오늘 어지러워요.

당신은 진찰받으러 가는 게 좋겠어요.

I think I should.
그래야 할 것 같아요.

2

여기 주차하시면 안 돼요.

Why not? There is no parking place.
왜 안 돼요? 주차 자리가 없어요.

This is actually reserved for the disabled.
사실 이곳은 장애인 주차 구역이에요.

You should go to see a doctor.
You must not park here.

UNIT 20

Did you attend a worship service?

일반동사 의문문 (과거시제)

#St. Patrick Cathedral

Grammar Point

1. Did you have a good time?
좋은 시간 보냈니?

상대방에게 '너 ~했니?'하고 과거의 일에 대해서 묻는 표현은 'Did you + 동사원형?'이다.
질문에 대한 대답은 'Yes, I did.' 또는 'No, I didn't.'로 할 수 있다.

Did you	attend a worship service?	예배에 참석 했니?
	work out this morning?	오늘 아침에 운동했니?
	know it?	그거 알았니?
	get it?	이해했니?

2. Did Tom attend a meeting?
Tom은 회의에 참석했니?

일반동사 의문문 과거형은 주어에 상관 없이 무조건 'Did + 주어 + 동사원형?'을 사용한다.

Did Tom attend a meeting?	Tom은 회의에 참석했니?
Yes, he did.	응, 참석했어.
No, he didn't.	아니, 참석 안 했어.
Did she throw a party?	그녀가 파티를 열었니?
Yes, she did.	응, 했어.
No, she didn't.	아니. 하지 않았어.

attend 참석하다　**worship service** 예배　**work out** 운동하다　**get** 이해하다, 알다　**meeting** 회의
throw a party 파티를 열다

Grammar Point

Hanna got up at 7:00.

Hanna는 7시에 일어났어.

일반동사 과거형은 '동사원형+ed'이다.

'**동사원형 + -ed**' 규칙을 따르지 않는 불규칙동사는 각기 다른 과거형으로 변화한다.

Hanna's Typical Day in New York (과거 시제)

She **turned** on the camera and **filmed** the scenes.
그녀는 카메라를 켜고 촬영을 했어.

She **drank** iced coffee after lunch.
그녀는 점심식사 후 아이스커피를 마셨어.

She never **stopped** walking and filming.
그녀는 걷고 촬영하는 것을 절대 멈추지 않았어.

Finally, she **finished** work at 10:00 p.m.
마침내 그녀는 10시에 일을 끝냈어.

ONE STEP FURTHER

불규칙 변화 동사

동사원형	과거형	동사원형	과거형
buy	bought	go	went
bring	brought	have	had
come	came	make	made
drink	drank	take	took
drive	drove	think	thought
eat	ate	sleep	slept
get	got	sit	sat
give	gave	write	wrote

WORDS

turn on ~을 켜다 **film** 촬영하다 **finally** 드디어, 마침내 **finish** 끝내다

Speak Aloud

영어로 말해 보세요.

✓○○○○○○ 너 좋은 시간 보냈니?

○○○○○○○ 너 오늘 아침에 운동했니?

○○○○○○○ 너 그거 알았니?

○○○○○○○ 너 그거 이해했니?

○○○○○○○ 너 예배에 참석했니?

CHECK AND WRITE

앞에서 말한 문장을 확인하고, 다른 표현을 활용해
새로운 문장도 만들어 보세요.

Challenge!

Did you have a good time?

_____?

너 점심 먹었니?

Did you work out this morning?

_____?

너 오늘 아침에 커피 마셨니? *have coffee 커피를 마시다

Did you know it?

_____?

너 그거 봤어?

Did you get it?

_____?

너 그거 먹었니?

Did you attend a worship service?

_____?

너 감기 걸렸니? *catch a cold 감기 걸리다

ANSWER
Did you have lunch?
Did you have coffee this morning?
Did you see it?
Did you eat it?
Did you catch a cold?

Real Conversation

다음 우리말을 보고 영작하여 대화를 완성하세요.

1

I went to the zoo with my family last week.
나는 저번 주에 가족과 동물원에 갔어.

좋은 시간 보냈니?

Yes, it was pretty interesting.
응, 꽤 흥미로웠어.

2

숙제 다 끝냈니?

No, I don't get this.
아니, 이거 이해가 안돼

Okay then, let me help you.
그러면 내가 도와줄게.

ANSWER

Did you have a good time?
Did you finish your homework?

UNIT 21

Who gave New York the Statue of Liberty?

의문사 의문문 (과거시제) who, what

#The Statue of Liberty

Grammar Point

1. Who gave New York the Statue of Liberty?

누가 뉴욕에게 자유의 여신상을 줬나요?

'Who + 동사 과거형?'은 '누가 ~했니?'의 의미로 여기서 who가 주어이므로 who 뒤에 바로 과거형 동사가 온다.

의문사 의문문(wh-question) 에서는 의문사가 항상 문장 맨 앞에 위치한다.

Who		
	did the best job?	누가 제일 잘했니?
	did the calculations?	누가 계산했니?
	said that?	누가 그런 말을 했니?
	called me?	누가 나한테 전화했지?

2. Who did you invite to the party?

너는 파티에 누구를 초대했니?

'Who did you + 동사원형?'은 '너는 누구를 ~했니?'라는 의미이다. 여기서 who 는 문장의 목적어이고 you 가 주어이다.

Who did you		
	talk to?	너는 누구에게 이야기했니?
	meet?	너는 누구를 만났니?
	learn it from?	너는 누구에게 그걸 배웠니?

WORDS

Statue of Liberty 자유의 여신상　do the best job 제일 잘하다　calculation 계산　talk to ~에게 이야기하다
learn A from B B로부터 A를 배우다

Grammar Point

What took you so long?
뭐가 이렇게 오래 걸렸니?

'What + 일반동사 과거형 + you~?'은 '무엇이 너를 ~하게 했니?'라는 의미이다.

What	made you change your mind? 무엇이 네 마음을 바꾸게 했니?
	brought you here? 여기 무슨 일로 왔니?

What did you do yesterday?
어제 뭐 했니?

'What did you + 동사원형?'은 '너는 무엇을 ~했니?'라는 의미이다.

What did you	just say?	방금 뭐라고 말했니?
	study at college?	대학에서 무엇을 공부했니?
	buy yesterday?	어제 뭐 샀니?

WORDS
change one's mind 마음을 바꾸다   bring(brought) 가져오다(가져왔다)   college 대학

Speak Aloud

영어로 말해 보세요.

누가 뉴욕에게 자유의 여신상을 줬나요?

누가 제일 잘했니?

너는 파티에 누구를 초대했니?

뭐가 이렇게 오래 걸렸니?

대학에서 무엇을 공부했니?

Check and Write

앞에서 말한 문장을 확인하고, 다른 표현을 활용해 새로운 문장도 만들어 보세요.

Challenge!

Who gave New York the Statue of Liberty?

_____?

누가 너에게 영어를 가르쳐 줬니?

Who did the best job?

_____?

누가 그거 했어?

Who did you invite to the party?

_____?

너는 누구와 일했니?

What took you so long?

_____?

왜 이렇게 일찍 왔니? *early 일찍

What did you study at college?

_____?

어젯밤에 뭐 했니?

ANSWER
Who taught you English?
Who did it?
Who did you work with?
What made you come so early?
What did you do last night?

Real Conversation

다음 우리말을 보고 영작하여 대화를 완성하세요.

1

너는 파티에 누구를 초대했니?

I invited most of my club members.
나의 동아리 멤버 대부분을 초대했어.

You know I hate them. I'm not going.
그 사람들 싫어하는 거 알잖아. 난 안 갈래.

2

I'm going to travel around the world.
나는 세계 일주를 할 거야.

All right. 뭐가 그런 결심을 하게 만든 거니?
좋아.

Life is short, you know.
있지, 인생은 짧잖아.

ANSWER

Who did you invite to the party?
What made you decide that?

UNIT 22

Why did they rebuild the World Trade Center?

의문사 의문문 (과거시제)
where, when, how, why

#9.11 Memorial Park

Grammar Point

1. Where did you learn English?
어디에서 영어 배웠니?

'Where did you + **동사원형**?'은 '어디에서 ~했니?'라는 의미로 과거에 한 행동의 장소를 묻는 표현이다.

'When did you + **동사원형**?'은 '언제 ~했니?'라는 의미로 과거에 한 행동의 시점을 묻는 표현이다.

Where did you	hear that?	그거 어디에서 들었니?
	get it?	그거 어디에서 얻었니?
When did you	come here?	언제 여기에 왔니?
	get married?	언제 결혼했니?

2. How did you know that?
그거 어떻게 알았니?

'How did you + **동사원형**?'은 '너는 어떻게 ~했니?'라는 의미로 과거에 한 일의 방법을 묻는 표현이다.

How did you	get here?	어떻게 여기에 왔니?
	do that?	그거 어떻게 했니?

learn 배우다   hear 듣다   get married 결혼하다

Grammar Point

 ## Why did you say that?
왜 그런 말을 했니?

'Why did you + 동사원형?'은 '왜 ~했니?'라는 의미로 과거에 한 행동의 이유를 묻는 표현이다.

Why did you break up with him?	왜 그와 헤어졌니?
Why did they rebuild the World Trade Center?	왜 그들은 세계 무역 센터를 다시 지었니?

 ## Why didn't you call me?
왜 나한테 전화 안 했니?

'Why didn't you + 동사원형?'은 '너는 왜 ~ 안했니?'라는 의미로 과거에 하지 않은 일에 대한 이유를 묻는 표현이다.

	tell me anything?	왜 나한테 아무 말도 하지 않았니?
Why didn't you	show up for the class?	왜 수업에 안 왔니?
	work harder?	왜 더 열심히 일하지 않았니?

* 'Why don't you + 동사원형?'은 '~하는 게 어떠니?'라는 의미로 제안이나 권유의 표현이다.

WORDS

rebuild 다시 세우다 **break up with** ~와 헤어지다 **show up** 나타나다 **harder** 더 열심히

Speak Aloud

영어로 말해 보세요.

✓○○○○○○ 너 그 말 어디에서 들었니?

○○○○○○○ 너 언제 결혼했니?

○○○○○○○ 너 그거 어떻게 했니?

○○○○○○○ 너는 왜 그와 헤어졌니?

○○○○○○○ 너는 왜 나한테 전화 안 했니?

Check and Write

앞에서 말한 문장을 확인하고, 다른 표현을 활용해 새로운 문장도 만들어 보세요.

Challenge!

Where did you hear that?

_____?

너 그거 어디에서 읽었어?

When did you get married?

_____?

너 언제 떠났니? * leave 떠나다

How did you do that?

_____?

너 그거 어떻게 외웠어? * memorize 외우다

Why did you break up with him?

_____?

너는 왜 직장을 그만 두었니? * quit 그만두다

Why didn't you call me?

_____?

너는 왜 나에게 묻지 않았어?

ANSWER

Where did you read that?
When did you leave?
How did you memorize that?
Why did you quit your job?
Why didn't you ask me?

Real Conversation

다음 우리말을 보고 영작하여 대화를 완성하세요.

1

I love your necklace.
네 목걸이가 맘에 들어.

Thanks. It's my favorite.
고마워. 내가 가장 좋아하는 거야.

그거 어디에서 얻었니?

2

왜 그런 말을 했니?

I don't know. I feel awful.
나도 모르겠어. 기분이 좋지 않네.

Just go and say sorry.
그냥 가서 미안하다고 말해.

ANSWER

Where did you get it?
Why did you say that?

UNIT 23

I read a book in Bryant Park this afternoon.

문장(과거시제) + 장소, 시간의 부사구

#Bryant Park

Grammar Point

1. I met her in the office.
나는 사무실에서 그녀를 만났어.

장소의 부사구: **장소 전치사(in, at) + 명사**

정해진 범위(공간) 내에 있을 때 사용하는 전치사 **in**

여러 장소 중 어느 한 장소를 언급할 때 사용하는 전치사 **at**

I met her	in	the park.	나는 공원에서 그녀를 만났어.
		New York.	나는 뉴욕에서 그녀를 만났어.
I met Julie	at	McDonald's.	나는 Julie를 맥도날드에서 만났어.
		an Italian restaurant.	나는 Julie를 이탈리아 식당에서 만났어.

2. I met her in September.
나는 그녀를 9월에 만났어.

시간의 부사구: **시간 전치사(at, in) + 명사**

어느 순간이나 특정 시간을 나타낼 때 쓰는 전치사 **at**

비교적 긴 시간을 나타낼 때 쓰는 전치사 **in**

I met her	at	six.	나는 그녀를 여섯 시에 만났어.
		noon.	나는 그녀를 정오에 만났어.
I met her	in	spring.	나는 그녀를 봄에 만났어.
		2013.	나는 그녀를 2013년에 만났어.

office 사무실 **September** 9월 **noon** 정오 **spring** 봄

Grammar Point

I met her today.

나는 오늘 그녀를 만났어.

전치사 없이, 시간을 나타내는 부사(구)를 사용해 과거의 일을 말할 수 있다.
today(오늘), yesterday(어제), this(오늘, 이번), last(지난)

I met her	**this** morning.	나는 오늘 아침에 그녀를 만났어.
	this afternoon.	나는 오늘 오후에 그녀를 만났어.
	this week.	나는 이번 주에 그녀를 만났어.
	this month.	나는 이번 달에 그녀를 만났어.
I met her	**yesterday**.	나는 어제 그녀를 만났어.
	last night.	나는 어젯밤에 그녀를 만났어.
	last weekend.	나는 지난 주말에 그녀를 만났어.
	last Christmas.	나는 작년 크리스마스에 그녀를 만났어.
	last year.	나는 작년에 그녀를 만났어.

weekend 주말

Speak Aloud

영어로 말해 보세요.

 나는 브라이언트 공원에서 Julie를 만났어.

 나는 맥도날드에서 아침을 먹었어.

 나는 정오에 내 고객을 방문했어.

 그녀는 작년 여름에 뉴욕으로 떠났어.

 나는 오늘 아침에 그를 봤어.

Check and Write

앞에서 말한 문장을 확인하고, 다른 표현을 활용해 새로운 문장도 만들어 보세요.

Challenge!

I met Julie in Bryant Park.
_____.
나는 Julie를 내 기숙사에서 만났어.　＊dorm 기숙사

I had breakfast at McDonald's.
_____.
나는 한식당에서 점심 먹었어.

I visited my client at noon.
_____.
나는 밤에 할머니 댁을 방문했어.

She left for New York last summer.
_____.
그녀는 작년에 일본으로 떠났어.　＊Japan 일본

I saw him this morning.
_____.
나는 오늘 오후에 무지개를 봤어.　＊rainbow 무지개

ANSWER
I met Julie in my dorm.
I had lunch at a Korean restaurant.
I visited my grandmother's house at night.
She left for Japan last year.
I saw a rainbow this afternoon.

Real Conversation

다음 우리말을 보고 영작하여 대화를 완성하세요.

1

I'm starving. Did you have breakfast?
너무 배고파. 아침 먹었어?

맥도날드에서 아침 먹었어.

Sounds good. I want a hamburger.
좋네. 나도 햄버거 하나 먹고 싶다.

2

What did you do last weekend?
지난 주말에 뭐했니?

난 지난 토요일에 삼촌 댁을 방문했어.

I guess you had a busy weekend.
바쁜 주말을 보낸 것 같네.

ANSWER
I had breakfast at McDonald's.
I visited my uncle's house last Saturday.

UNIT 24

Were you hungry?
Be동사 의문문 (과거시제)

#Buffalo Wild Wings #Harlem

Grammar Point

1. Were you hungry?
너는 배고팠니?

Were you + 형용사?   너는 ~한 (상태)이었니?
Were you + 명사?   너는 ~이었니?
Were you + 전치사구? 너는 ~에 있었니?

	happy?	너는 행복했니?
Were you	a designer?	너는 디자이너였니?
	at the party?	너는 그 파티에 있었니?

* Be동사의 과거형 – am, is ⋯ was/are ⋯ were 로 불규칙하게 변한다.

2. Were we happy?
우리 행복했어?

Be동사 과거시제 의문문에 대한 대답은 'Yes, 주어 + was(were).' 또는 'No, 주어 + was not(wasn't). / were not(weren't).'라고 한다.

Were you hungry?	너 배고팠어?
Yes, **I was**.	응, 그랬어.
Were they hungry?	그들은 배고팠어?
Yes, **they were**.	응, 그들은 그랬어.
Were we happy?	우리는 행복했어?
No, **we weren't**.	아니, 우리는 그렇지 않았어.
Was it good?	그거 좋았어?
No, **it wasn't**.	아니, 그렇지 않았어.

WORDS
hungry 배고픈   designer 디자이너

Grammar Point

 ## He was tired.
그는 피곤했어.

'Be동사 + 형용사'는 '~한 상태이다'라는 의미로 주어의 상태를 나타낸다.

	shocked.	그는 충격을 받았어.
He was	hired.	그는 고용되었어.
	loved.	그는 사랑받았어.
	fired.	그는 해고당했어.

 ## I am touched.
감동받았어. (=감동받은 상태야.)

동사에 -ed를 붙여 만들어진 과거분사(p.p.)는 '~된, ~당한'의 뜻으로 형용사 역할을 할 수 있다.

동사원형		과거분사(p.p.)	
tire	피곤하게 하다	tired	피곤해진
shock	충격을 주다	shocked	충격 받은
love	사랑하다	loved	사랑받은
fire	해고하다	fired	해고된
touch	감동시키다	touched	감동받은

I am happy.   나는 행복해. (행복한 상태야.)
She is shocked.   그녀는 충격 받았어. (충격받은 상태야.)

Speak Aloud

영어로 말해 보세요.

너는 배고팠니?

그는 어젯밤 그 파티에 있었니?

나는 그 소식에 충격을 받았어.

나는 그 영화에 감동 받았어.

그는 해고당했어.

Check and Write

앞에서 말한 문장을 확인하고, 다른 표현을 활용해 새로운 문장도 만들어 보세요.

Were you hungry?

Challenge!

_____?
너는 슬펐니?

Was he at the party last night?

_____?
그는 어제 집에 있었니?

I was shocked by the news.

_____.
나 그 소식 듣고 깜짝 놀랐어. * surprised 깜짝 놀란

I was touched by the movie.

_____.
나는 그 악몽 때문에 무서웠어. * terrified 무서워하는 / nightmare 악몽

He was fired.

_____.
그녀는 지루했어. * bored 지루해 하는

ANSWER
Were you sad?
Was he at home yesterday?
I was surprised by the news.
I was terrified by the nightmare.
She was bored.

Real Conversation

다음 우리말을 보고 영작하여 대화를 완성하세요.

1

You watched a movie last night, didn't you?
어젯밤에 영화 봤지, 그렇지 않니?

나 그 영화에 감동 받았어.

Really? Can you tell me the title?
정말? 제목 좀 알 수 있을까?

2

Do you know where Mr. Brown is?
Brown 씨가 어디에 있는지 알아요?

그는 지난주에 해고당했어요.

Oh, I'm sorry to hear that.
아, 유감이네요.

I was touched by the movie.
He was fired last week.

UNIT 25

I was touched.
수동태 (과거시제)

#Rockefeller Center

Grammar Point

1 It was stolen.

그건 도난당했어. (steal-stole- stolen)

형용사화 된 과거분사(p.p.) : '~된, ~당한'의 의미로, 수동과 완료의 의미를 가지고 있다.

It was	**dropped**.	그건 떨어져 있었어. (drop - dropped - dropped)
	spilled.	그건 엎질러져 있었어. (spill - spilled - spilled)
	broken.	그건 부서져 있었어. (break - broke - broken)
	scattered.	그건 흩어져 있었어. (scatter - scattered - scattered)

2 The wallet was stolen.

그 지갑을 도난당했어.

과거분사(p.p.)는 주어의 상태를 말해주는 형용사 역할을 한다.

Be 동사 + p.p.는 '~되었다, ~당했다' 는 수동의 의미를 가지므로 이런 문장을 수동태라고 한다.

The plate **was broken**.	그 접시가 깨져 있었어.
The news **was announced**.	그 뉴스가 발표되었어.
My heart **was broken**.	내 마음은 상처받았어.

WORDS

steal 훔치다   drop 떨어뜨리다   spill 흘리다   break 깨다   scatter 뿌리다, 흩어지다   announce 발표하다

Grammar Point

3. Mike was promoted.*

Mike는 승진했어.

과거분사(p.p.)는 '~된, ~당한'의 의미이므로 주로 Be동사 과거형과 잘 쓰인다.

The reservation **was made** under his name.	그의 이름으로 예약이 되어 있었어.
The time **was set**.	시간이 정해져 있었어.
The bill **was paid**.	계산이 되어 있었어.

* Be동사 대신 get을 사용하면 더 자연스러운 회화체 느낌을 줄 수 있다.
  'He got promoted.'가 더 구어체 느낌이 난다.

ONE STEP FURTHER

I was given a new project.

나는 새로운 프로젝트를 받았어.

수동태를 사용하여 동사의 원래 의미를 수동과 완료의 의미로 바꾼다.

I **was told** to finish this.	나는 이것을 끝내라는 말을 들었어.
It **was made** by Apple.	이것은 Apple에 의해 만들어 졌어.
It **was made** in China.	이것은 중국에서 만들어 졌어.

WORDS

promote 촉진하다, 승진시키다   **make a reservation** 예약하다   **set** 정하다   **bill** 계산서

Speak Aloud

영어로 말해 보세요.

✓○○○○○○   **그 지갑을 도난당했어.**

○○○○○○○   **그 책들은 흩어져 있었어.**

○○○○○○○   **물이 바닥에 쏟아져 있었어.**

○○○○○○○   **내 마음은 상처받았어.**

○○○○○○○   **그의 이름으로 예약이 되어 있었어.**

Check and Write

앞에서 말한 문장을 확인하고, 다른 표현을 활용해 새로운 문장도 만들어 보세요.

Challenge!

The wallet was stolen.
_____.
그 지갑을 찾았어. * find 찾다

The books were scattered.
_____.
내 옷들이 바닥에 흩어져 있었어.

The water was spilled on the floor.
_____.
물은 그 농부에 의해 사용되었어. * use 사용하다 / farmer 농부

My heart was broken.
_____.
그 창문이 깨져 있었어. * window 창문

The reservation was made under his name.
_____.
그 결정은 이사님에 의해 내려졌어. * by the director 이사님에 의해 / decision 결정

ANSWER
The wallet was found.
My clothes were scattered on the floor.
The water was used by the farmer.
The window was broken.
The decision was made by the director.

Real Conversation

다음 우리말을 보고 영작하여 대화를 완성하세요.

1

Hey, what's going on?
무슨 일이야?

나 새 프로젝트를 받았어.

Good for you. Go for it!
잘됐네. 최선을 다 해봐!

2

You look depressed. Are you ok?
너 우울해 보여. 괜찮아?

내 지갑을 도난당했어.

Did you report the loss?
분실 신고는 했니?

ANSWER

I was given a new project.
My wallet was stolen.

UNIT 26

It's a beautiful day.

비인칭 주어 it

#Brooklyn Bridge

Grammar Point

1. It's just a cold.
그냥 감기야.

비인칭 주어 it은 날씨, 시간, 요일, 어떤 일의 상태나 정도를 말할 때 사용한다.

'It's just~.'는 '그냥 ~야' 란 의미이다.

It's just		
	a kidding.	그냥 농담이야.
	a matter of time.	그냥 시간문제일 뿐이야.
	a rumor.	그냥 소문이야.

2. It's time to go to bed.
잠자리에 들 시간이야.

'It's time to + 동사원형'은 '~할 시간이다'라는 의미이다.

It's time to		
	get up.	일어날 시간이야.
	grow up.	철들 때지.
	call it a day.	퇴근할 시간이야.

WORDS

cold 감기　rumor 소문　grow up 자라다　call it a day 일을 끝내다, ~을 그만하기로 하다

Grammar Point

 ## Is it cold today?

오늘 날씨 춥니?

'Is it ~?'은 '~이니?'라는 의미이다.

'Isn't it ~?'은 '~이지 않니?'라는 의미이다.

Isn't it great?은 '그거 멋지지 않니?' 즉 '너무 멋지다.'라는 뜻이다.

Is it	dark outside?	밖이 어둡니?
	Tuesday today?	오늘 화요일이니?
Isn't it	great?	그거 멋지지 않니?
	too much?	그거 너무 많지 않니?
Isn't she	lovely?	그녀는 사랑스럽지 않니?

 ## Is it true (that) you got promoted?

너 승진했다는 게 정말이야?

'Is it true that ~?'은 '~라는 게 정말이니?'라는 의미이다.

일상 대화에서 that은 주로 생략한다.

Is it true (that)	they broke up?	그들이 헤어졌다는 게 정말이야?
	he got fired?	그가 해고됐다는 게 정말이야?

WORDS

dark 어두운   **lovely** 사랑스러운   **get promoted** 승진하다   **break up** 헤어지다   **get fired** 해고되다

Speak Aloud

영어로 말해 보세요.

✓⚪⚪⚪⚪⚪⚪   **밖이 어둡니?**

⚪⚪⚪⚪⚪⚪⚪   **아직 7시니?**

⚪⚪⚪⚪⚪⚪⚪   **그냥 시간문제일 뿐이야.**

⚪⚪⚪⚪⚪⚪⚪   **퇴근할 시간이야.**

⚪⚪⚪⚪⚪⚪⚪   **그들이 헤어졌다는 게 정말이야?**

Check and Write

앞에서 말한 문장을 확인하고, 다른 표현을 활용해 새로운 문장도 만들어 보세요.

Challenge!

Is it dark outside?

_____?

안에 따뜻해? * warm 따뜻한 / inside 안에, 내부에

Is it 7 yet?

_____?

벌써 자정이야? * midnight 자정 / already 이미, 벌써

It's just a matter of time.

_____.

그냥 시간 낭비일 뿐이야. * a waste of time 시간 낭비

It's time to call it a day.

_____.

집에 갈 시간이야.

Is it true that they broke up?

_____?

그가 떠났다는 게 사실이야? * leave 떠나다

ANSWER
Is it warm inside?
Is it midnight already?
It's just a waste of time.
It's time to go home.
Is it true that he left?

Real Conversation

다음 우리말을 보고 영작하여 대화를 완성하세요.

1

오늘 화요일이니?

No, it's Thursday.
아니, 오늘 목요일이야.

Oh, sorry. I'm kind of out of my mind.
미안. 내가 좀 정신이 없어.

2

I know some good place to drink coffee.
커피 한 잔 할 좋은 장소를 알고 있어.

오늘은 여기서 끝내야 할 때라고 생각해.

Okay, then can I call you sometime?
알겠어. 그럼 가끔 전화해도 되니?

ANSWER

Is it Tuesday today?
I think it's time to call it a day.

UNIT 27

I'm learning about American history.

현재 진행형 긍정문

#Federal Hall National Memorial

Grammar Point

1 I'm learning about American history.

나는 미국 역사에 대해서 배우는 중이야.

'~하고 있는 중이다, ~하고 있다'라는 의미로 'Be동사 현재형 + -ing'는 현재 진행형 문장이다.

I'm	walking on the street.	나는 길을 걷고 있는 중이야.
	talking on the phone.	나는 전화 통화하는 중이야.

* 주어에 따른 Be동사의 형태 변화: I'm / You're / We're / He's / She's / They're

2 I'm getting fat.

나 점점 뚱뚱해지고 있어.

'점점 ~해지고 있다'라는 의미로 'I'm getting + 형용사'는 현재 진행 중인 상태를 나타내는 표현이다.

I'm getting	better.	나 점점 더 좋아지고 있어.
	thinner.	나 점점 더 날씬해지고 있어.

WORDS

learn about ~에 대해 배우다 **history** 역사 **fat** 뚱뚱한 **thin** 날씬한, 마른

Grammar Point

I'm thinking of changing my hairstyle.

난 머리스타일을 바꿀까 생각 중이야.

'I'm thinking of + 동명사'는 현재 자신의 생각을 말하는 표현으로 '~할까 생각 중이다'라는 의미이다.

| I'm thinking of | buying that dress.
난 그 드레스를 살까 생각중이야.
going to a university in America.
난 미국에 있는 대학교에 갈까 생각 중이야. |

* 동명사는 명사의 기능을 하는 동사의 한 형태로 동사 뒤에 -ing를 붙인다.

I'm looking forward to the party.

난 그 파티가 너무 기대돼.

'I'm looking forward to + 명사'는 '~를 학수고대 하는 중이다', '~가 너무 기대돼'라는 의미이다.

| I'm looking forward to | meeting you in person.
난 너를 직접 만나기를 기대하고 있어.
hearing from you.
난 너에게 연락 듣기를 기대하고 있어. |

WORDS

change 바꾸다   university 대학교   in person 직접

Speak Aloud

영어로 말해 보세요.

✓○○○○○○　**나 점점 더 좋아지고 있어.**

○○○○○○○　**그는 전화 통화하는 중이야.**

○○○○○○○　**난 저 드레스를 살까 생각 중이야.**

○○○○○○○　**난 너를 직접 만나기를 기대하고 있어.**

○○○○○○○　**난 미국에 있는 대학교에 갈까 생각 중이야.**

Check and Write

앞에서 말한 문장을 확인하고, 다른 표현을 활용해 새로운 문장도 만들어 보세요.

Challenge!

I'm getting better.
_____.
내 영어 실력이 점점 더 좋아지고 있어.

He's talking on the phone.
_____.
그는 친구들이랑 이야기 중이야. * talk with ~와 이야기하다

I'm thinking of buying that dress.
_____.
난 숙제를 해볼까 생각 중이야. * do homework 숙제를 하다

I'm looking forward to meeting you in person.
_____.
난 그 전시회가 너무 기대돼. * exhibition 전시회

I'm thinking of going to a university in America.
_____.
난 산책하러 갈까 생각 중이야. * go for a walk 산책하다

Answer
My English ability is getting better.
He's talking with friends.
I'm thinking of doing my homework.
I'm looking forward to the exhibition.
I'm thinking of going for a walk.

Real Conversation

다음 우리말을 보고 영작하여 대화를 완성하세요.

1

Do you know where Jack is?
Jack이 어디에 있는지 아니?

He is in his room but 전화 통화하는 중이야.
그는 방 안에 있는데,

Let me know if he is done.
끝나면 알려줘.

2

난 저 드레스를 살까 생각 중이야.

You said you are out of money.
너 돈 없다고 했잖아.

Did I? I don't ring a bell.
내가? 기억 안나네.

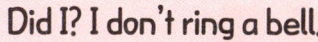

* ring a bell 기억나다

ANSWER

he's talking on the phone.
I'm thinking of buying that dress.

UNIT 28
Are you waiting for someone?
현재 진행형 의문문

#Grand Central Terminal

Grammar Point

1. Are you waiting for someone?
너 누군가를 기다리고 있는 중이니?

'Are you + -ing?'는 '너 ~하고 있는 중이니?'라는 의미이다.
You are + -ing에서 주어와 Be동사의 위치만 바꿔주면 현재진행형 의문문이 된다.

Are they	그들은	
Is he	그는	**waiting** for someone?
Is she	그녀는	누군가를 기다리고 있는 중이니?
Are Tom and Mary	Tom과 Mary는	

2. Are you looking for a café?
카페를 찾고 있는 중이니?

'Are you + -ing?'는 '너 ~하고 있는 중이니?'라는 의미로 상대방에게 현재 진행중인 상황이나 상태에 대해 묻는 표현이다.

	drinking coffee?	커피를 마시고 있는 중이니?
Are you	**studying** English?	영어 공부를 하는 중이니?
	leaving now?	지금 떠나는 거니?
	thinking of studying abroad?	유학 갈 생각 중인 거니?

WORDS

wait for ~을 기다리다   look for ~을 찾다   think of ~을 생각하다

Grammar Point

Are you telling me (that) you forgot?
너 잊어버렸다고 말하는 거니?

'Are you telling me (that) 주어 + 동사?'는 '~라고 말하는 건가요?'라는 의미로 상대방에게 확인을 얻고자 할 때 쓰는 표현이다. 일상 회화에서는 that을 자주 생략한다.

Are you telling me (that)	you don't know? 너 지금 모른다고 말하는 거니?
	you didn't hear that? 너 그 말 못 들었다고 말하는 거니?
	you don't still get it? 너 아직도 이해 안된다고 말하는 거니?

ONE STEP FURTHER

동사의 -ing 형 만들기

대부분의 동사: 동사 끝에 -ing를 붙인다.
- play ⋯ playing
- wash ⋯ _____
- eat ⋯ _____

-e로 끝나는 동사: e를 빼고 -ing를 붙인다.
- have ⋯ having
- take ⋯ _____
- live ⋯ _____

[단모음 + 단자음]으로 끝나는 동사: 마지막 자음을 한 번 더 쓰고 -ing를 붙인다.
- run ⋯ running
- sit ⋯ _____
- swim ⋯ _____

-ie로 끝나는 동사: ie를 y로 바꾸고 -ing를 붙인다.
- lie ⋯ lying
- die ⋯ _____
- tie ⋯ _____

WORDS

forget 잊다   lie 거짓말 하다   die 죽다   tie 묶다   **answer**: washing, eating, taking, living, sitting, swimming, dying, tying

Speak Aloud

영어로 말해 보세요.

☑○○○○○○ 너 누군가를 기다리는 중이니?

○○○○○○○ 그는 커피를 마시고 있는 중이니?

○○○○○○○ 그들은 뉴욕에서 영어를 공부하고 있는 중이니?

○○○○○○○ 너 유학 갈 생각 중인 거니?

○○○○○○○ 너 아직도 이해가 안 된다고 말하는 거니?

Check and Write

앞에서 말한 문장을 확인하고, 다른 표현을 활용해
새로운 문장도 만들어 보세요.

Challenge!

Are you waiting for someone?

_____?

너는 누군가를 찾는 중이니? * look for ~을 찾다

Is he drinking coffee?

_____?

그는 자전거를 타는 중이니? * ride a bike 자전거를 타다

Are they studying English in New York?

_____?

그들은 뉴욕에서 쇼핑하는 중이니?

Are you thinking of studying abroad?

_____?

너 수업 빼먹을 생각이니? * skip class 수업을 빼먹다

Are you telling me that you don't still get it?

_____?

너 지금 바쁘다고 말하는 거니? * busy 바쁜

Answer
Are you looking for someone?
Is he riding a bike?
Are they shopping in New York?
Are you thinking of skipping class?
Are you telling me that you are busy now?

Real Conversation

다음 우리말을 보고 영작하여 대화를 완성하세요.

1

너 누군가를 기다리고 있는 중이니?

Yes, I'm waiting for Katie.
응, Katie를 기다리고 있어.

Well, she's not here.
그녀는 여기에 없어.

2

뉴욕에서 영어를 공부하고 있는 중이니?

Yes! I just arrived here last week.
네! 저는 지난 주에 여기 도착했어요.

That's great! Enjoy New York and make lots of friends.
멋지구나! 뉴욕에서 즐거운 시간 보내고 친구도 많이 사귀렴.

ANSWER

Are you waiting for someone?
Are you studying English in New York?

UNIT 29

What are you doing?
의문사 의문문 (현재 진행형) who, what

#Purdue University

Grammar Point

1. Who's talking on the phone?
누가 통화 중이니?

'Who's + -ing?'는 '누가 ~하고 있니?'라는 의미이다.
여기서 who는 3인칭 단수 주어로 취급한다.

Who's working on this project?	누가 이 프로젝트를 맡아서 하고 있니?
Who's making coffee?	누가 커피를 만들고 있니?
I am. (=It's me.)	나야.
Tom is.	Tom이야.
My friends are.	내 친구들이야.

2. Who are you seeing?
너 누구를 사귀고 있니?

'Who are you + -ing?'는 '넌 누구를 ~하고 있니?'라는 의미이고,
여기서 who는 목적어 역할을 한다.

	dat**ing**?	너 누구와 데이트하고 있니?
Who are you	talk**ing** to?	너 누구에게 말하고 있는 거니?
	work**ing** with?	너 누구와 일하고 있니?

WORDS

work on ~을 작업하다   date ~와 데이트하다   work with ~와 일하다

Grammar Point

What are you doing?
너 뭐 하고 있니?

'What is(are) 주어 + doing?'은 '~는 뭐하고 있니?'라는 의미이다.
주어에 따라 달라지는 Be동사에 주의한다.

What are	we they	doing?	우리 뭐 하고 있니? 그들은 뭐 하고 있니?
What is	he she	doing?	그는 뭐 하고 있니? 그녀는 뭐 하고 있니?

What are you studying?
너 무엇을 공부하고 있니?

'What are you + -ing?'는 '너는 무엇을 ~하고 있니?'의 의미이다.

What are you	watching? looking for? thinking about? talking about?	너 무엇을 보고 있니? 너 무엇을 찾고 있니? 너 무엇에 대해 생각하고 있니? 너 무엇에 대해 말하고 있니?

WORDS
look for ~을 찾다   think about ~에 대해 생각하다   talk about ~에 대해 이야기하다

Speak Aloud

영어로 말해 보세요.

✓○○○○○○ 누가 이 프로젝트를 맡아서 하고 있니?

○○○○○○○ 너 무엇에 대해 생각하고 있니?

○○○○○○ 너 누구를 사귀고 있니?

○○○○○○ 너 뭐 하고 있니?

○○○○○○○ 너는 누구와 일하고 있니?

Check and Write

앞에서 말한 문장을 확인하고, 다른 표현을 활용해 새로운 문장도 만들어 보세요.

Challenge!

Who's working on this project?
_____?
누가 지금 이야기 중이니?

What are you thinking about?
_____?
너 뭐하는 중이니?

Who are you seeing?
_____?
넌 누구를 보는 중이니? * look at ~를 보다

What are you doing?
_____?
넌 무엇을 기다리고 있니? * wait for ~를 기다리다

Who are you working with?
_____?
넌 지금 누구랑 데이트 하고 있니?

Answer
Who's talking now?
What are you doing?
Who are you looking at?
What are you waiting for?
Who are you dating now?

UNIT 29 | 의문사 의문문 (현재 진행형) who, what

Real Conversation

다음 우리말을 보고 영작하여 대화를 완성하세요.

1

너 무엇을 찾고 있니?

I'm looking for my laptop.
나는 내 노트북을 찾고 있어.

I think it is in your office.
내 생각에 그거 네 사무실에 있는 것 같아.

2

너 누구를 사귀고 있니?

I'm not seeing anyone. Why?
만나는 사람 없어. 왜?

Good! Are you interested in going on a blind date this Friday?
잘 됐다! 이번 금요일에 소개팅하는 거 관심있어?

ANSWER

What are you looking for?
Who are you seeing?

UNIT 30

Where are you staying?

의문사 의문문 (현재 진행형) where, when, how, why

#Motel

Grammar Point

1. Where are you staying in New York?
너 뉴욕 어디에서 머물고 있니?

'Where are you + -ing?'는 '어디서 ~하고 있니?'라는 의미이다.

Where are you	studying English? 너 어디서 영어를 공부하고 있니? going with that dress? 너 그 드레스 입고 어디에 가고 있니?

2. When are you leaving for Chicago?
너 시카고로 언제 떠날 거니?

'When are you + -ing?'는 현재진행형이지만 '언제 ~할 거니?'라는 의미로 가깝고 확실한 미래의 일을 물을 때 사용한다.

When are you	coming back? 너 언제 돌아올 거니? getting off work today? 너 오늘 언제 퇴근할 거니? having your housewarming party? 너 집들이 언제 할 거니?

* 현재진행형은 지금 진행 중인 일 뿐만 아니라 가까운 미래를 나타낼 때도 자주 쓴다.

WORDS
stay 머무르다   leave for ~로 떠나다   get off work 퇴근하다   housewarming party 집들이

Grammar Point

3. How are you doing?
어떻게 지내니?

의문사 how를 활용한 현재진행형 의문문으로 안부를 묻는 표현이다.

How is it **going**?	어떻게 지내니?
How are you **holding** up?	어떻게 견디고 있니?

4. Why are you being so nice to me?
너 왜 그렇게 나에게 잘해주고 있는 거니?

'Why are you being so + 형용사~?'는 '너 왜 그렇게 ~하게 구는 거니?'라는 의미로 상대의 현재 태도에 대한 의견이나 불만을 나타내는 표현이다.

	mean?	너 왜 그렇게 못되게 구는 거니?
Why are you being so	difficult?	너 왜 그렇게 까다롭게 구는 거니?
	childish?	너 왜 그렇게 유치하게 구는 거니?

* 형용사는 동사가 아니므로 'Be동사 + 형용사'에서 Be동사에 -ing를 붙여 진행의 의미를 만들 수 있다.

WORDS

hold up 견디다　**mean** 못된　**difficult** 까다로운　**childish** 유치한

Speak Aloud

영어로 말해 보세요.

○○○○○○○ 너 뉴욕 어디에서 머물고 있니?

○○○○○○○ 너 오늘 언제 퇴근할 거니?

○○○○○○○ 어떻게 견디고 있니?

○○○○○○○ 너 왜 그렇게 나에게 잘해주고 있는 거니?

○○○○○○○ 너 집들이 언제 할 거니?

Check and Write

앞에서 말한 문장을 확인하고, 다른 표현을 활용해 새로운 문장도 만들어 보세요.

Challenge!

Where are you staying in New York?

_____?

지금 정확히 어디에서 살고 있니? * exactly 정확하게

When are you getting off work today?

_____?

너 오늘 언제 요가 수업 갈 거니?

How are you holding up?

_____?

오늘 기분이 어떠니?

Why are you being so nice to me?

_____?

너 왜 그렇게 진지하게 구는 거니? * serious 진지한

When are you having your housewarming party?

_____?

너 송별회 언제 할 거니? * farewell party 송별회

ANSWER
Where are you living now exactly?
When are you going to the yoga class today?
How are you feeling today?
Why are you being so serious?
When are you having your farewell party?

Real Conversation

다음 우리말을 보고 영작하여 대화를 완성하세요.

1

Here you are. It's my gift for you.
자, 여기. 너에게 주는 내 선물이야.

너 왜 그렇게 나에게 잘해주고 있는 거니?

I am so thankful of you.
너한테 고마운 게 많아.

2

너 오늘 언제 퇴근할 거니?

I'm not sure. I think I have to work overtime.
모르겠어. 야근해야 할 것 같아.

I'm going to help you. Let me see.
내가 좀 도와줄게. 한번 보자.

ANSWER

Why are you being so nice to me?
When are you getting off work today?

UNIT 31

I've been working here for 20 years.

현재완료 진행형

#Restaurant

Grammar Point

1. I've been working here.
나는 여기서 일해오고 있어.

현재완료 진행형 'have(has) been + -ing'은 과거의 어떤 시점에서 시작해 지금까지 계속 해오고 있는 일을 말할 때 쓰는 시제이다.
어떤 일을 과거부터 현재까지 해왔을 때 'have + p.p. (현재완료)'를 쓰는데 여기에 지금하고 있는 일 'Be + -ing(현재 진행)'의 의미까지 더해져 'have been + -ing' 형태가 된 것이다.

I've	나는	
We've	우리는	
You've	너는	**been** work**ing** here.
They've	그들은	여기서 일해오고 있어.
He's (=He has)	그는	
She's (=She has)	그녀는	

2. Since then, I've been thinking of you.
그때부터 난 너를 생각해 왔어.

현재완료 진행형 'have been -ing'에 시간표현 Since then(그때부터)를 같이 써서 표현할 수 있다.

Since then, 그때부터	I've been seeing him.	난 그를 사귀어 오고 있어.
	he's been studying here.	그는 여기서 공부해 오고 있어.
	they've been living in Seoul.	그들은 서울에서 살아오고 있어.

WORDS
live in ~에 살다

Grammar Point

3 for, since, all

시간의 부사구를 만드는 for(~ 동안), since(~부터), all(~종일) 등은 현재완료진행형과 함께 쓸 수 있다.

for	7 hours 7시간 동안	since	then 그때부터	all	day (long) 하루 종일
	a day 하루 동안		yesterday 어제부터		night 밤새도록
	a long time 오랜 시간 동안		2013 2013년부터		week 일주일 내내

4 I've been working here since yesterday.

어제부터 여기서 일하고 있어.

시간의 부사구를 만드는 since(~ 이래로), last(지난), all(내내), for(~ 동안) 등은 현재완료진행형에 많이 쓰인다.

Q. How long have you been working here? 너 여기서 얼마나 오랫동안 일해오고 있는 중이니?

I've been work**ing** here 여기서 일하고 있어	since yesterday.	어제부터.
	since last year.	작년부터.
	all week.	일주일 내내.
	all my life.	평생 동안.
I've been study**ing** here 여기서 공부하고 있어	for an hour.	한 시간 동안.
	for two weeks.	2주 동안.

WORDS

hour 시간   week 주

Speak Aloud

영어로 말해 보세요.

- 난 20년 동안 여기서 일해오고 있어.

- 난 그녀를 2시간 동안 기다리고 있어.

- 우리는 서울에서 10년 동안 살고 있어.

- 비가 밤새도록 계속 내리고 있어.

- 그녀는 2년 동안 Tom을 사귀고 있어.

Check and Write

앞에서 말한 문장을 확인하고, 다른 표현을 활용해
새로운 문장도 만들어 보세요.

Challenge!

I've been working here for 20 years.
_____.
난 일주일 동안 운동하고 있어. * work out 운동하다

I've been waiting for her for 2 hours.
_____.
난 오랜 시간 동안 해외에서 공부하는 것을 꿈꿔왔어. * dream of ~을 꿈꾸다

We've been living in Seoul for 10 years.
_____.
우리는 7시간 동안 함께 연주를 하고 있어. * paly music 연주하다

It's been raining all night.
_____.
하루 종일 눈이 계속 내리고 있어.

She's been seeing Tom for 2 years.
_____.
그녀는 2시간 동안 요리를 하고 있어.

ANSWER
I've been working out for a week.
I've been dreaming of studying abroad for a long time.
We've been playing music together for 7 hours.
It's been snowing all day long.
She's been cooking for 2 hours.

Real Conversation

다음 우리말을 보고 영작하여 대화를 완성하세요.

1

What are you doing here?
여기서 뭐해?

난 그녀를 2시간 동안 기다리고 있는 중이야.

I guess she won't be coming.
내 생각에 그녀는 안 올 것 같아.

2

비가 밤새도록 계속 내리고 있어.

What should we do?
우리 어떻게 해야할까?

Let's just wait and see.
일단 기다리고 지켜보자.

ANSWER

I've been waiting for her for 2 hours.
It's been raining all night.

UNIT 32

I'm going to go to Dumbo.
be going to (미래시제)

#Dumbo

Grammar Point

1 I'm going to go to Dumbo.
나는 Dumbo에 갈 거야.

'**be going to** + **동사원형**'은 '~할 것이다'라는 의미로 어느정도 계획된 미래에 대해 이야기 할 때 쓰는 표현이다.

He's		그는 Dumbo에 갈 거야.
She's	going to go to Dumbo.	그녀는 Dumbo에 갈 거야.
We're		우리는 Dumbo에 갈 거야.
They're		그들은 Dumbo에 갈 거야.

* 실제로는 대개 going to를 'gonna'로 축약해서 말한다. (I'm gonna go to Dumbo.)

2 I'm going to get a laptop.
나 노트북을 살 거야.

'**be going to**'뒤에 다양한 동사표현을 붙여 미래를 표현할 수 있다.

	go out for dinner.	나 저녁 외식할 거야.
I'm going to	go to see a musical.	나 뮤지컬 한 편 보러 갈 거야.
	stay up all night.	나 밤샐 거야.
	tell him I love him.	나는 그에게 사랑한다고 말할 거야.

WORDS
laptop 노트북   go out 외식하다   stay up all night 밤새다

Grammar Point

I'm going to go shopping today.

나는 오늘 쇼핑하러 갈 거야.

'**be going to** + **동사원형**'은 미래 시간을 나타내므로 시간의 부사구도 '미래' 의미를 나타낸다.

I'm going to go shopping **this Saturday**.
나는 이번 토요일에 쇼핑하러 갈 거야

He's going to see a doctor **tomorrow morning**.
그는 내일 아침에 진찰받을 거야.

We're going to leave **next Monday**.
우리는 다음 주 월요일에 떠날 거야.

I'm flying to New York tomorrow.

나 내일 뉴욕으로 떠나.

미래를 나타내는 세 가지 표현
· Be동사 + –ing   가까운 미래나 거의 확실한 미래를 나타낼 때
· be going to   계획된 스케줄이지만 변동 가능성이 있을 때
· will   미리 정해진 계획이 아닌 즉흥적으로 말할 때

I'm leaving for Chicago.
나는 시카고로 떠날거야.

I'm going to go shopping sometime next week.
나는 다음 주쯤 쇼핑하러 갈 거야.

I think **I'll** stay home and watch TV.
집에서 TV나 볼까 봐.

WORDS

go shopping 쇼핑하러 가다   see a doctor 병원에 가다

Speak Aloud

영어로 말해 보세요.

✓○○○○○○   나는 Dumbo에 갈 거야.

○○○○○○○   나는 뮤지컬 한 편 보러 갈 거야.

○○○○○○○   그는 내일 아침에 진찰받을 거야.

○○○○○○○   우리는 다음 달에 시카고로 떠날 거야.

○○○○○○○   난 그에게 사랑한다고 말할 거야.

Check and Write

앞에서 말한 문장을 확인하고, 다른 표현을 활용해 새로운 문장도 만들어 보세요.

Challenge!

I'm going to go to Dumbo.
_____.
난 우체국에 갈 거야. * post office 우체국

I'm going to go to see a musical.
_____.
난 커피 한 잔 마실 거야.

He's going to see a doctor tomorrow morning.
_____.
그는 내일 아침에 조깅하러 갈 거야. * go jogging 조깅하러 가다

We're going to leave for Chicago next month.
_____.
우리는 내년에 뉴욕으로 이사할 거야. * move to ~로 이사하다

I'm going to tell him I love him.
_____.
난 그에게 마음이 바뀌었다고 말할 거야. * change one's mind 마음을 바꾸다

ANSWER
I'm going to go to the post office.
I'm going to have a cup of coffee.
He's going to go jogging tomorrow morning.
We're going to move to New York next year.
I'm going to tell him I changed my mind.

Real Conversation

다음 우리말을 보고 영작하여 대화를 완성하세요.

1

What are you doing tonight?
밤에 뭐할거야?

나는 저녁 외식하러 나갈 거야.

Can I join you?
나 같이 가도 돼?

2

나 밤샐 거야.

Why would you do that?
왜 그래야 해?

I have to cram for my final exam.
기말고사 벼락치기를 해야 해.

ANSWER

I'm going to go out for dinner.
I'm going to stay up all night.

UNIT 33

I am not going to buy anything.

be going to 부정문, 의문문 (미래시제)

#Century 21

Grammar Point

1 I'm not going to buy anything.

나는 아무 것도 사지 않을 거야.

'**be not going to** + 동사원형'은 be going to의 부정문으로 Be동사 뒤에 not을 붙여서 '~하지 않을 것이다.'라는 의미이다.

	tell anything.	나는 아무 것도 말하지 않을 거야.
I'm not going to	wash my car.	나는 세차하지 않을 거야.
	go shopping.	난 쇼핑하러 가지 않을 거야.
	leave alone.	난 혼자 떠나지 않을 거야.

2 Are you going to go shopping?

쇼핑 할 거니?

'**Are you going to ~?**'는 be going to의 의문문으로 주어와 Be동사의 순서를 바꿔서 '~하려고 하니?, ~할 예정이니?'라는 의미이다.

	break up with him?	그와 헤어질 거니?
Are you going to	get off work early?	일찍 퇴근할 거니?
	tell him?	그에게 말할 거니?
	tell on me?	나를 고자질할 거니?

WORDS

break up with ~와 헤어지다   **get off work** 퇴근하다   **tell on** ~를 고자질하다

Grammar Point

Are you gonna join us?
우리와 함께 할래?

문장의 주어가 바뀌면 그에 따라 Be동사도 바뀐다.

Are you gonna go hiking?	하이킹하러 갈 거니?
Are they gonna go dancing?	그들은 춤추러 갈 거니?
Is he gonna go hiking?	그는 하이킹하러 가니?
Is she gonna drive a car?	그녀가 운전할 거니?

* 구어체에서 going to를 gonna로 줄여서 부드럽게 말하는 경우가 많다.

Aren't you going to join us?
우리와 함께 하지 않을래?

'Aren't you going to ~?'은 '~하지 않을래?'라는 의미로 상대방의 의향이나 의도를 물어보는 표현이다.

	ask her out?	그녀에게 데이트 신청하지 않을래?
Aren't you going to	tell me anything?	나에게 아무것도 말하지 않을래?
	close the door?	그 문 닫지 않을래?

ask out ~에게 데이트 신청하다

Speak Aloud

영어로 말해 보세요.

✓○○○○○○   **난 아무것도 사지 않을거야.**

○○○○○○○   **우리는 오늘밤 외식하지 않을 거야.**

○○○○○○○   **그와 헤어질 거니?**

○○○○○○○   **오늘 일찍 퇴근할 거니?**

○○○○○○○   **우리와 함께 하지 않을래?**

Check and Write

앞에서 말한 문장을 확인하고, 다른 표현을 활용해
새로운 문장도 만들어 보세요.

Challenge!

I'm not going to buy anything.

_____.

나는 아무것도 믿지 않을래. * believe 믿다

We're not going to eat out tonight.

_____.

그는 쇼핑하러 가지 않을 거야.

Are you going to break up with him?

_____?

그에게 말을 할 거니?

Are you going to get off work early?

_____?

너 그 버스에 탈 거니? * get on ~에 타다

Aren't you going to join us?

_____?

그 컴퓨터 팔 거 아니야?

ANSWER

I'm not going to belive anything.
He's not going to go shopping.
Are you going to tell him?
Are you going to get on the bus?
Aren't you going to sell the computer?

Real Conversation

다음 우리말을 보고 영작하여 대화를 완성하세요.

1

오늘 일찍 퇴근하니?

Yes, I am going to go shopping after work.
응, 나 퇴근 후에 쇼핑하러 갈 거야.

Oh, can I join you?
오, 나도 가도 돼?

2

I am going to finish this relationship.
나 이 관계를 끝내려고 해.

너 정말 그와 헤어질 거니?

*really 정말로

I am not so sure. What should I do?
나도 잘 모르겠어. 나 어쩌지?

Are you going to get off work early?
Are you really going to break up with him?

UNIT 34

Who's going to help me?
의문사 의문문 (미래시제)

#Flatiron Building

Grammar Point

1. Who's going to help me?
누가 나를 도울 거니?

누가 무얼 할지 모를 때는 who를 주어 자리에 넣어 'Who's going to ~?'라고 묻는다. '누가 ~할 거니?'라는 의미로, 이때 who는 3인칭 단수 취급을 한다.

Who's going to	go on a business trip?	누가 출장을 갈 거니?
	leave for Tokyo?	누가 도쿄로 떠날 거니?
	replace her?	누가 그녀를 대신 할 거니?
	pay for dinner?	누가 저녁식사비를 낼 거니?

2. What are you going to do?
너는 뭘 할 거니?

'What are you going to do?'는 '너 뭘 할 거니?'라는 의미로 일상생활에서 자주 쓰는 질문이다. 주어에 따라 달라지는 Be동사에 주의한다.

What are	we	**going to** do?	우리 뭘 할 거니?
	they		그들은 뭘 할 거니?
What is	he		그는 뭘 할 거니?
	she		그녀는 뭘 할 거니?

WORDS
business trip 출장   replace 대체하다   pay for ~를 지불하다

Grammar Point

 ## Who are you going to go with?

누구와 갈 거니?

미래의 계획에 대해 물을 때 의문사 who, what을 붙여 더 구체적인 질문을 할 수 있다.

Who are you going to	meet after work?	퇴근 후 누구를 만날 거니?
What are you going to	do?	무엇을 할 거니?
	buy?	무엇을 살 거니?

 ## Where are you going to have a blind date?

어디서 소개팅 할 거야?

의문사 where, when, how, why를 이용해 더 구체적인 질문을 할 수 있다.

When are you going to grow up?
언제 철들래?

How are you going to handle this problem?
어떻게 이 문제를 해결할 거니?

Why are you going to study abroad?
왜 유학 가려고 하니?

WORDS

blind date 소개팅　**grow up** 성장하다, 철이 들다　**handle** 다루다, 취급하다　**study abroad** 유학하다, 외국에서 공부하다

Speak Aloud

영어로 말해 보세요.

누가 저녁식사비를 낼 거니?

누가 Hanna를 대신할 거니?

언제 철들래?

왜 유학 가려고 하니?

그는 어디에서 소개팅을 할 거니?

Check and Write

앞에서 말한 문장을 확인하고, 다른 표현을 활용해 새로운 문장도 만들어 보세요.

Challenge!

Who's going to pay for dinner?
_____?
누가 도쿄로 떠날 거니?

Who's going to replace Hanna?
_____?
누가 요리할 거니?

When are you going to grow up?
_____?
넌 그걸 언제 끝낼 거니?

Why are you going to study abroad?
_____?
넌 그걸 왜 물어볼 거니?

Where is he going to have a blind date?
_____?
그들은 언제 캠핑하러 갈 거니? *go camping 캠핑 가다

ANSWER
Who's going to leave for Tokyo?
Who's going to cook?
When are you going to finish it?
Why are you going to ask it?
When are they going to go camping?

Real Conversation

다음 우리말을 보고 영작하여 대화를 완성하세요.

1

I am going to leave for France at midnight.
나는 자정에 프랑스로 떠날 거야.

거기에서 뭘 할 거니?

I am going to study computer science.
난 컴퓨터 공학을 공부할 거야.

2

누가 저녁식사비를 낼 거니?

Not me. I am totally broke.
나는 아니야. 난 완전 빈털터리야.

* be broke 빈털터리가 되다

Same here. I think Tom will pick up the tab.
나도 마찬가지야. Tom이 계산하겠지.

What are you going to do there?
Who's going to pay for dinner?

UNIT 35

I've wanted to visit the American Museum of Natural History since then.

현재완료

#American Museum Natural History

Grammar Point

1. I've wanted to visit the American Museum of Natural History since then.

나는 그때부터 미국 자연사 박물관을 방문하고 싶었어.

말하는 사람의 관심이 과거부터 현재까지 이어질 때 사용하는 현재완료시제 표현 'have(has) + 과거분사(p.p.) + since then'은 '그때부터 계속 ~해 왔다'라는 의미이다.

* 말할 때 주어와 have/has를 주로 축약해서 발음한다.

I've felt		나는 그때부터 행복을 느껴 왔어.
We've felt	happy since then.	우리는 그때부터 행복을 느껴 왔어.
He's felt		그는 그때부터 행복을 느껴 왔어.

2. I've lived here since then.

나는 그때부터 여기에 살아왔어.

일반동사의 규칙 변화와 '동사원형 + ed'

동사원형		과거형		과거분사형
happen	⋯▶	happened	⋯▶	happened
want	⋯▶	wanted	⋯▶	wanted
live	⋯▶	lived	⋯▶	lived
apply	⋯▶	applied	⋯▶	applied
stop	⋯▶	stopped	⋯▶	stopped

Be동사의 과거형과 과거분사형의 변화

현재	과거	과거분사
am	was	been
is		
are	were	

happen (일이) 일어나다, 발생하다 **apply** 적용하다

Grammar Point

 ## I have met him since then.
나는 그때부터 그를 만나왔어.

일반동사의 불규칙 변화

A–A–A형		
cut	cut	cut
read	read	read
hit	hit	hit
put	put	put
hurt	hurt	hurt
set	set	set

A–B–B형		
have	had	had
lose	lost	lost
buy	bought	bought
meet	met	met
think	thought	thought
pay	paid	paid

A–B–C형		
do	did	done
eat	ate	eaten
see	saw	seen
take	took	taken

A–B–A형		
run	ran	run
come	came	come
become	became	become
overcome	overcame	overcome

 ## I've always had a thing for her.
나는 항상 그녀를 마음에 두고 있었어.

과거부터 현재까지 '항상 ~해 왔다'라고 표현할 때, 'I've always p.p.~'를 쓴다.

I've always wanted
to go to New York.
나는 항상 뉴욕에 가 보고 싶었어.

to try it.
나는 항상 그거 해 보고 싶었어.

WORDS

have a thing for ~를 좋아하다, ~에게 마음이 있다　　lose 분실하다　　overcome 극복하다, 이기다

Speak Aloud

영어로 말해 보세요.

 나는 그때부터 그 박물관을 방문하고 싶었어.

 나는 그때부터 계속 행복하게 느꼈어.

 그녀는 그때부터 서울에서 살아 왔어.

 나는 항상 그것을 해 보고 싶었어.

 나는 항상 그녀를 마음에 두고 있었어.

Check and Write

앞에서 말한 문장을 확인하고, 다른 표현을 활용해
새로운 문장도 만들어 보세요.

Challenge!

I've wanted to visit the museum since then.

_____.

나는 그때부터 그 학교를 방문하고 싶었어.

I've felt happy since then.

_____.

나는 그때부터 미안함을 느꼈어.

She's lived in Seoul since then.

_____.

그녀는 그때부터 그 회사에서 일해왔어.

I've always wanted to try it.

_____.

그녀는 항상 새 집을 짓기를 꿈꾸어 왔어. * dream of ~를 꿈꾸다

I've always had a thing for her.

_____.

나는 항상 파리에 가보고 싶었어.

ANSWER

I've wanted to visit the school since then.
I've felt sorry since then.
She's worked for the company since then.
She's always dreamed of building a new house.
I've always wanted to go to Paris.

Real Conversation

다음 우리말을 보고 영작하여 대화를 완성하세요.

1

너 항상 그녀를 좋아해 왔잖아.

Yes, but how am I going to say this?
응, 하지만 이걸 어떻게 말하지?

Don't be a chicken!
겁쟁이처럼 굴지 마!

2

It's so good to be here!
여기와서 너무 좋아!

나는 항상 이 박물관을 방문해 보고 싶었어.

Yes, I know.
그러니까.

ANSWER

You've always had a thing for her.
I've always wanted to visit this museum.

UNIT 36

I've never been here.

현재완료 긍정문, 부정문

#The High Line

Grammar Point

1 Since then, I've lived in Seoul.
그때부터 나는 서울에 살고 있어.

현재완료 (have/has) + p.p.는 말하는 사람의 관심이 과거부터 현재까지 이어질 때 사용한다.
'have(has) + p.p. + since then'은 '그때부터 (계속) ~해 왔다'라는 의미이다.

	I've waited for you.	그때부터 나는 너를 기다려 왔어.
Since then,	I've known John.	그때부터 나는 John을 알아 왔어.
	I've had a headache.	그때부터 나는 두통이 있어.

2 It's rained since last week.
지난주부터 비가 내려왔어.

어느 특정 시기부터 시작된 날씨가 현재까지 영향을 미칠 때, it을 주어로 사용해서
'it has + p.p.'로 말한다.

It's snowed		지난주부터 눈이 내렸어.
It's been hot	since last week.	지난주부터 더워졌어.
It's been cold		지난주부터 추워졌어.

WORDS

headache 두통

Grammar Point

3 You haven't been in my shoes.

너는 내 입장이 되어 본 적 없잖아.

'have(has) not + p.p.'는 과거부터 현재까지 '~하지 않았다'라는 의미이다.

have not = haven't / has not = hasn't

I **haven't studied** English since last Friday.	나는 지난 금요일부터 영어를 공부하지 않았어.
It **hasn't rained** for a long time.	오랫동안 비가 내리지 않았어.
It **hasn't snowed** for a month.	한 달 동안 눈이 내리지 않았어.

4 I've never felt this way before.

나는 전에 이런 식으로 느껴본 적이 없어. (이런 기분 처음이야.)

'have(has) + never + p.p.'는 과거부터 현재까지 한 번도 경험해 보지 않았을 때 쓰는 표현으로 '한 번도 ~해본 적이 없다'라는 의미이다.

	studied abroad.	나는 유학 가본 적이 없어.
I've never	**been** there.	나는 거기 가본 적이 없어.
	been to Paris.	나는 파리에 가본 적이 없어.

* '~에 가본 적이 있다/없다'라고 현재완료(have + p.p.)로 말할 때, gone이 아닌 been을 쓰는 것에 주의 한다. gone은 아주 가버려서 현재 여기 없다는 뜻이다.

WORDS

in one's shoes ~의 입장에서   **study abroad** 외국에서 공부하다

Speak Aloud

영어로 말해 보세요.

나는 2시간 동안 너를 기다려 왔어.

나는 어제부터 두통이 있어.

너는 내 입장이 되어 본 적 없잖아.

나는 전에 이런 식으로 느껴본 적이 없어.

나는 파리에 가 본 적이 없어.

Check and Write

앞에서 말한 문장을 확인하고, 다른 표현을 활용해 새로운 문장도 만들어 보세요.

Challenge!

I've waited for you for 2 hours.
_____.
나는 이 방을 2시간 동안 청소했어.

I've had a headache since yesterday.
_____.
나 어제부터 계속 보고서를 써 왔어.

You haven't been in my shoes.
_____.
난 작년부터 영어 공부를 하지 않았어.

I've never felt this way before.
_____.
나는 전에 그를 만나 본 적이 없어.

I've never been to Paris.
_____.
나는 전에 거기 가본 적이 한 번도 없어.

ANSWER
I've cleaned this room for 2 hours.
I've written a report since yesterday.
I haven't studied English since last year.
I've never met him before.
I've never been there before.

Real Conversation

다음 우리말을 보고 영작하여 대화를 완성하세요.

1

I am so sorry.
정말 미안해.

나는 1시간 동안 너를 기다려 왔어.

I was stuck in a traffic jam.
나는 교통 체증에 걸렸었어.

* traffic jam 교통 체증

2

Wow, look at those people!
와, 저 사람들 좀 봐!

I am so excited about this concert.
이 콘서트 때문에 너무 신이나.

나는 전에 이런 것을 경험해 본 적이 없어!

ANSWER

I've waited for you for an hour.
I've never experienced anything like this before!

UNIT 37

Have you ever met him?

현재완료 의문문

#5th Avenue

Grammar Point

1. Have you ever tried it?

너는 그것을 시도해 본 적 있니?

'Have(Has) + 주어 + ever + p.p.?'은 '지금까지 ~해 본 적 있니?'라는 뜻으로 상대방의 경험을 묻는 표현이다.

Have they		그들은 그것을 시도해 본 적 있니?
Has he	**ever tried** it?	그는 그것을 시도해 본 적 있니?
Has she		그녀는 그것을 시도해 본 적 있니?

* ever 현재완료 의문문에서 경험을 물어볼 때 자주 쓰이는 부사

2. Have you ever been there?*

너 거기 가본 적 있니?

'Have you ever + p.p.?'는 '지금까지 ~해 본 적 있니?'라는 의미로 상대방의 경험을 묻는 표현이다. 경험은 시간상 과거부터 현재까지 연결되어 있으므로 현재완료 시제를 써서 표현한다.

Have you ever	**seen** it?	너 그거 본 적 있니?
	met him?	너 그를 본 적 있니?

* 현재완료 시제를 이용해 어딘가에 가본 적이 있다는 경험을 이야기 할 때 동사 go(가다)가 아닌 Be동사(been)를 쓴다. have gone으로 쓸 경우, 가버려서 지금 여기에 없다는 의미가 되므로 have been을 사용해 '가봤다 (갔다왔다)'는 경험을 표현한다.

WORDS

try 시도하다, 노력하다

Grammar Point

3. Have you ever tried Thai food?
태국 음식 먹어 본 적 있니?

현재완료 의문문에 대한 대답은 'Yes, 주어 + have(has).'
또는 'No, 주어 + haven't(hasn't).'로 한다.

'have you ever p.p.~?' 에서 ever는 '지금까지, 언젠가'의 뜻으로 경험을 묻는 의미를 강조해 준다.

	seen the opera?	그 오페라 본 적 있니?
Have you ever	**been** to Italy?	이탈리아에 가 본 적 있니?
	met Trump?	Trump를 만난 적 있니?

4. Haven't you decided yet?

너 아직 결정 못 했니?

현재완료 부정 의문문 'Haven't you + p.p.?'는 '~ 못 했니?, ~ 못 해 봤니?'라는 의미이다.

	finished your homework yet?	
	너 아직 숙제를 못 끝냈니?	
Haven't you	**done** it yet?	
	너 그거 아직 다 못 했니?	
	thought about it yet?	
	너 그것에 대해 아직 생각 안 해 봤니?	

WORDS
Thai 태국의　**Italy** 이탈리아　**decide** 결정하다　**yet** (의문문, 부정문에서) 아직

Speak Aloud

영어로 말해 보세요.

너 트럼프를 만난 적 있니?

너 이탈리아에 가 본 적 있니?

너 태국 음식 먹어 본 적 있니?

너 그거 아직 다 못 했니?

너 아직 결정 못 했니?

CHECK and WRITE

앞에서 말한 문장을 확인하고, 다른 표현을 활용해 새로운 문장도 만들어 보세요.

Challenge!

Have you ever met Trump?

_____?

너는 록펠러 센터를 방문한 적 있니? ＊ Rockefeller Center 록펠러 센터

Have you ever been to Italy?

_____?

그녀는 로마에 가 본 적 있니? ＊ Rome 로마

Have you ever tried Thai food?

_____?

그녀는 태국 음식을 먹어 본 적이 있니?

Haven't you done it yet?

_____?

그 문제를 아직 풀지 못했니? ＊ solve (문제를) 풀다, 해결하다

Haven't you decided yet?

_____?

아직 그것을 찾지 못했니?

ANSWER
Have you ever visited Rockefeller Center?
Has she ever been to Rome?
Has she ever tried Thai food?
Haven't you solved the problem yet?
Haven't you found it yet?

Real Conversation

다음 우리말을 보고 영작하여 대화를 완성하세요.

1

그 가수를 만난 적 있어?

Not yet, but I will go to his concert.
아직은 없는데, 그의 콘서트에 갈 거야.

That's great!
멋지다!

2

태국 음식 먹어 본 적 있어?

No, I haven't. How does it taste?
아니, 없어. 맛이 어때?

Some food are very hot and spicy, but I love Thai food.
어떤 음식은 맛이 강하고 매워, 하지만 난 태국음식 아주 좋아해.

ANSWER

Have you ever met the singer?
Have you ever tried Thai food?

UNIT 38

The train has just left.

현재완료 just, already, not ~ yet

#Greenwich Village

Grammar Point

1. He left. vs. He's left.

He left(단순과거 시제)는 과거 사실에만 초점을 둬서 현재의 상황은 알 수 없다.
He's left(현재완료 시제)는 과거의 사건이 현재까지 영향을 끼치므로,
'그는 떠나서 지금 여기 없다.'는 뜻이 된다.

현재완료와 함께 쓰이는 부사: just(방금), already(이미, 벌써), not ~ yet(아직 ~ 않다)

He **left** yesterday.	그는 어제 떠났어. (과거의 사실에만 초점)
He**'s left**.	그는 떠났어. (그래서 지금 여기 없음)
He**'s just left**.	그는 방금 떠났어.
He**'s already left**.	그는 이미 떠났어.
He **hasn't left yet**.	그는 아직 떠나지 않았어.

2. She's just left.

그녀는 막 떠났어.

'have + p.p.' 현재완료형에서 부사 just(방금), already(이미, 벌써) 등을 함께 써서 과거의 어떤 일이 현재 '완료' 됨을 표현할 수 있다.

She's **just**	arrived.	그녀는 방금 도착했어.
	seen the movie.	그녀는 방금 그 영화를 봤어.
I've **already**	done it.	나는 이미 그것을 끝냈어.
	bought the coat.	나는 이미 그 코트를 샀어.(소유하고 있음)
	sold the car.	나는 이미 그 차를 팔았어.(현재 차가 없음)

WORDS

arrive 도착하다   coat 외투, 코트   sell 팔다

Grammar Point

He hasn't arrived yet.
그는 아직 도착하지 않았어.

'have / has not p.p. ~yet' 은 '아직 ~하지 않았다 / 아직 ~못했다'의 의미이다.

He hasn't got up yet.	그는 아직 일어나지 않았어.
He hasn't done it yet.	그는 아직 그것을 다 하지 못 했어.
He hasn't thought about it yet.	그는 아직 그것에 대해 생각 안 해 봤어.

How have you been?
어떻게 지냈니?

현재완료 시제의 의문사 의문문은
'의문사(How, What, Where, How much) + have you + 과거분사(p.p.)?'의 형태이다.

What have you done?	무슨 일을 한 거야?
Where have you been?	어디에 있었니?
How much have you eaten?	얼마나 많이 먹은 거니?

Speak Aloud

영어로 말해 보세요.

✓○○○○○○ | 그녀는 방금 뉴욕으로 떠났어.

○○○○○○○ | 내가 너에게 이미 말했잖아.

○○○○○○○ | 아직 그것에 대해 생각 안 해 봤어.

○○○○○○○ | 어떻게 지냈니?

○○○○○○○ | 그녀는 이미 그것을 다했어.

Check and Write

앞에서 말한 문장을 확인하고, 다른 표현을 활용해 새로운 문장도 만들어 보세요.

She's just left for New York.

Challenge!

_____.

그는 방금 한국으로 떠났어.

I've already told you.

_____.

나는 이미 그것을 들었어.

I haven't thought about it yet.

_____.

나는 아직 내 미래에 대해 생각 안 해 봤어.

How have you been?

_____?

무슨 일을 한 거니?

She's already done it.

_____.

그는 이미 그 말을 해버렸어.

ANSWER
He's just left for Korea.
I've already heard it.
I haven't thought about my future yet..
What have you done?
He's already said it.

Real Conversation

다음 우리말을 보고 영작하여 대화를 완성하세요.

1

Do you know where Kelly is?
Kelly가 어디에 있는지 아니?

그녀는 방금 뉴욕으로 떠났어.

Oh, I wanted to say good-bye to her.
아, 그녀에게 작별인사를 하고 싶었는데.

2

Are you going to sell your computer?
너 컴퓨터 팔 거니?

아직 그것에 대해 생각 안 해 봤는데.

I thought you wanted to sell the old one and buy a new one.
난 네가 쓰던 것을 팔고 새 것을 사고 싶어 한다고 생각했거든.

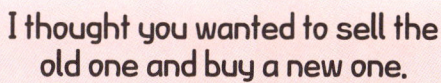

ANSWER

She's just left for New York.
I haven't thought about it yet.

UNIT 39

That was the best music I've ever heard.

현재완료 최상급

#Music Inn World Instruments

Grammar Point

1 good – better – best

형용사의 최상급: **the** + 형용사 + **-est** (가장 ~한)

원급	비교급	최상급	
good	better	**best**	불규칙
big	bigger	**biggest**	규칙
touching	more touching	**most touching**	규칙
bad	worse	**worst**	불규칙
handsome	more handsome	**most handsome**	규칙

* 형용사 비교급 / 최상급의 규칙 변형
  원급 + -er / -est: [단모음 + 단자음]으로 끝나는 단어는 마지막 자음을 한 번 더 쓰고 -er / -est를 붙인다.
  more / most + 원급: 2음절 이상의 단어는 앞에 more / most를 붙인다.

2 That was the best music.

그건 최고의 음악이었어.

'That was + the 최상급 + 명사'는 '그건 가장 ~한 …였다'라는 의미이다.

	the biggest mistake.	그건 가장 큰 실수였어.
That was	**the most touching** book.	그건 가장 감동적인 책이었어.
	the worst date.	그건 최악의 데이트였어

* 문장에서 최상급 표현을 쓸 때 최상급 앞에 'the'를 붙여 의미를 한정시킨다.

WORDS
accident 사고 **touching** 감동적인

Grammar Point

That was the best music (that) I've ever heard.

그건 내가 이제까지 들은 것 중 최고의 음악이었어.

'That was the 최상급(that) I have ever p.p.'는 '그건 내가 …한 것 중 가장 −하다.'라는 뜻으로 자신의 지금까지 경험 중에서 최고 또는 최하였음을 나타낼 때 쓴다.

That was

the best movie (that) **I've ever watched**.
그건 이제까지 본 것 중 최고의 영화였어.

the biggest mistake (that) **I've ever made**.
그건 이제까지 내가 저지른 것 중에서 가장 큰 실수였어.

the most touching book (that) **I've ever read**.
그건 이제까지 내가 읽은 것 중에서 가장 감동적인 책이였어.

the worst date (that) **I've ever had**.
그건 내가 해본 것 중에서 최악의 데이트였어.

He is **the most handsome** man (that) **I've ever met**.
그는 이제까지 내가 만나 본 남자 중에서 가장 잘생겼어.

She is **the cutest** baby (that) **I've ever seen**.
그녀는 이제까지 내가 본 가장 귀여운 아기야.

handsome 잘생긴   cute 귀여운

Speak Aloud

영어로 말해 보세요.

 그건 이제까지 들은 것 중에서 최고의 음악이었어.

 그건 이제까지 본 것 중에서 최고의 영화였어

 그건 내가 이제까지 저지른 것 중에서 가장 큰 실수였어.

 그건 내가 이제까지 읽은 것 중에서 가장 감동적인 책이었어.

 그는 내가 이제까지 만나 본 가장 잘생긴 남자야.

Check and Write

앞에서 말한 문장을 확인하고, 다른 표현을 활용해 새로운 문장도 만들어 보세요.

Challenge!

That was the best music (that) I've ever heard.

_____.

그건 내가 이제까지 맛본 것 중에서 최고의 차(tea)였어.

That was the best movie (that) I've ever watched.

_____.

그것은 내가 본 것 중에서 가장 비싼 차였어. * expensive 값비싼

That was the biggest mistake (that) I've ever made.

_____.

그것은 내가 만든 것 중에서 가장 큰 파이였어.

That was the most touching book (that) I've ever read.

_____.

파리는 내가 방문했던 곳 중에서 가장 아름다운 도시였어.

He is the most handsome man (that) I've ever met.

_____.

Katie는 내가 본 사람 중에서 가장 귀여운 소녀야.

ANSWER

That was the best tea I've ever tasted.
That was the most expensive car that I've ever seen.
That was the biggest pie that I've ever made.
Paris was the most beautiful city that I've ever visited.
Katie is the cutest girl that I've ever seen.

Real Conversation

다음 우리말을 보고 영작하여 대화를 완성하세요.

1

What is the best movie for you?
네 최고의 영화는 뭐니?

'La La Land'가 내가 본 영화 중에 최고였어.

* La La Land 영화 '라라랜드'

I will watch the film tonight.
오늘 밤에 그 영화를 봐야겠다.

2

What do you think about Tim?
Tim에 대해 어떻게 생각해?

그는 이제까지 내가 본 사람 중에 가장 잘생긴 남자야.

Oh, It's a good thing I set you up with him.
오, 내가 너를 그에게 소개시켜주길 잘했네.

* set up with ~를 소개시켜 주다

ANSWER

'La La Land' was the best movie (that) I've ever watched.
He is the most handsome man (that) I've ever met.

UNIT 40

Please tell me the way to the library.

4형식 문장

#Columbia University

Grammar Point

1

He bought me a bottle of wine.

그는 나에게 와인 한 병을 사줬어.

4형식 문장 동사 뒤에 목적어가 두 개인 문장이다.
주어 + 동사 + <u>간접 목적어</u>(~에게) + <u>직접 목적어</u>(…을/를)
((주어)가 ~에게 …를 해주다)

He	**brought** 그가 주었어	me a bottle of wine. 나에게 와인 한 병을 .
	showed 그가 보여 줬어	
	sent 그가 보냈어	
	passed 그가 건네 줬어	

2

I'll send you an e-mail.

내가 너에게 이메일을 보낼게.

간접 목적어 자리에 오는 인칭 대명사의 목적격은 앞의 동사에 연결해서 부드럽게 발음한다. 대명사는 주로 약하게 발음된다는 것에 주의해야 한다.

I'll send	**him** a letter.	그에게 편지를 보낼게.
	her a Christmas gift.	그녀에게 크리스마스 선물을 보낼게.
	them new hats.	그들에게 새 모자를 보낼게.

pass 건네주다

Grammar Point

He made me pasta.

그는 나에게 파스타를 만들어 줬어.

간접목적어(~에게)와 직접목적어(~를)로 목적어를 2개 취하는 4형식 동사는 기본적으로 '~해주다'로 해석한다.

	taught me English.	그는 나에게 영어를 가르쳐 줬어.
	lent me his pen.	그는 나에게 펜을 빌려줬어.
He	told me an interesting story.	그는 나에게 재밌는 이야기를 했어.
	wrote me a love letter.	그는 나에게 연애편지를 써 줬어.
	read me a love letter.	그는 나에게 연애편지를 읽어줬어

I'll get you some coffee.

커피 좀 가져다 줄게.

get은 상대방이 무언가를 갖도록 해준다는 넓은 의미를 가진 동사이다. '뭔가를 만들어주다, 사주다, 가져다 주다'의 뜻으로 회화에서 특히 다양하게 쓰이는 동사이다.

	some more water.	물 좀 더 가져다줄게.
I'll get you	the book.	그 책을 가져다줄게.
	a new dress.	새 드레스를 가져다줄게.
	anything.	뭐든 가져다줄게.

WORDS

interesting 흥미로운   new 새로운

Speak Aloud

영어로 말해 보세요.

☑○○○○○○ 　내가 너에게 이메일을 보낼게.

○○○○○○○ 　그는 나에게 와인 한 병을 사줬어.

○○○○○○○ 　그는 나에게 파스타를 만들어 줬어.

○○○○○○○ 　그는 나에게 영어를 가르쳐 줬어.

○○○○○○○ 　그는 나에게 연애편지를 써 줬어.

Check and Write

앞에서 말한 문장을 확인하고, 다른 표현을 활용해 새로운 문장도 만들어 보세요.

Challenge!

I'll send you an e-mail.
_____.
내가 그에게 쿠키를 좀 보낼게.

He bought me a bottle of wine.
_____.
그녀는 나에게 커피 한 잔을 사줬어. *a cup of coffee 커피 한 잔

He made me pasta.
_____.
그녀는 그에게 치즈케이크 하나를 만들어 줬어.

He taught me English.
_____.
나의 어머니는 나에게 음악을 가르쳐 주셨어.

He wrote me a love letter.
_____.
그는 그녀에게 그 편지를 읽어줬어.

ANSWER
I'll send him some cookies.
she bought me a cup of coffee.
She made him a cheese cake.
My mother taught me music.
He read her the letter.

Real Conversation

다음 우리말을 보고 영작하여 대화를 완성하세요.

1

영어선생님께서 숙제를 많이 내주셨어.

Do you need help?
내가 도와줄까?

Thank you, but I'll try it myself.
고맙지만 혼자 해볼게.

2

What is this?
이게 뭐니?

아빠가 나에게 생일 선물을 사주셨어.

How sweet of him!
아빠가 정말 자상하시구나!

My **English** teacher gave me lots of homework.
My **father** bought me a birthday present.

UNIT 41

This makes me happy.
5형식 문장

#The Night View of New York City

Grammar Point

1 **This makes me happy.**

이건 나를 행복하게 만들어.

영어 문장에서 '주어 + 동사 + 목적어 + 목적보어'의 형태를 취하는 문장을 5형식 문장이라고 한다.

This <u>makes</u> <u>me</u> <u>happy</u>
　　　동사　목적어　목적보어

You **make me happy**.	너는 나를 행복하게 해줘.
You **make me smile**.	너는 나를 미소짓게 만들어.
You can just **call me Eunha**.	그냥 나를 은하라고 부르면 돼.

* **목적보어** 목적어를 보충하여 설명하는 말

2 **They named him John.**

그들은 그를 John이라고 이름지었어.

make + 목적어 + 목적보어
동사 make는 목적보어로 **명사**, **동사원형**, **형용사**를 모두 취할 수 있다.

They **made him study hard**.	그들은 그가 열심히 공부하도록 했어.
They **made him a good doctor**.	그들은 그를 좋은 의사로 만들었어.
They **made him proud**.	그들은 그를 자랑스럽게 만들었어.
People **called him Mr. Perfect**.	사람들은 그를 완벽남이라고 불렀어.

WORDS

name 이름을 지어주다　**proud** 자랑스러운

Grammar Point

 ## He got me bored.
그는 나를 지루하게 했어.

동사 get을 사용한 5형식 문장은 make보다 더 구어체 느낌이 난다.

	annoyed.	그는 나를 짜증나게 했어.
He got me	embarrassed.	그는 나를 당황하게 했어.
	crazy.	그는 나를 미치게 했어.

 ## Keep me posted.
계속 소식 전해줘.

동사 'leave, keep, hold' 는 뒤에 '목적어 + 목적보어' 로 5형식 문장을 이룰 수 있다.

let + 목적어 + 목적보어(동사원형)
동사 let은 5형식 문장을 만들 수 있고, 이때 목적보어는 동사원형이다.

Keep the door open.		계속 문을 열어 둬.
Hold the door open.		문을 (손으로 잡아서) 열어 둬.
Leave me alone.		날 혼자 내버려 둬.
	it be.	내버려 둬.
Let	it go.	그쯤 해 둬.
	me go.	나 갈게.

* Let's go. (가자.) = Let us go.

##

annoyed 짜증이 난   embarrassed 당황스러운   post 올리다, 게시하다

Speak Aloud

영어로 말해 보세요.

이건 나를 행복하게 만들어.

사람들은 그를 완벽남이라고 불러.

그들은 그가 열심히 공부하도록 했어.

그는 나를 지루하게 했어.

날 혼자 내버려 둬.

Check and Write

앞에서 말한 문장을 확인하고, 다른 표현을 활용해 새로운 문장도 만들어 보세요.

Challenge!

This makes me happy.

_____.

이 영화가 나를 울게 만들었어.

People called him Mr. Perfect.

_____.

사람들은 그를 David라고 이름 지었어.

They made him study hard.

_____.

그들은 그가 열심히 일하도록 만들었어.

He got me bored.

_____.

그녀는 그를 당황하게 했어. *embarrassed 당황한

Leave me alone.

_____.

내버려 둬.

ANSWER
This movie made me cry.
People named him David.
They made him work hard.
She got him embarrassed.
Let it be.

Real Conversation

다음 우리말을 보고 영작하여 대화를 완성하세요.

1

I heard your son got a perfect score.
아드님이 만점을 받았다고 들었어요.

네, 그가 나를 행복하게 하네요.

I'm so happy for you.
잘 돼서 저도 기분이 좋네요.

2

How do you like the movie you watched last night?
어젯밤에 본 영화 어땠어?

그 영화는 날 지루하고 졸리게 했어.

Really? I was going to see that movie.
진짜? 나 그 영화 보려고 했는데.

Yes, he makes me happy.
The movie got(made) me bored and sleepy.

UNIT 42

5 Sentence Patterns in English
문장의 5형식 총정리

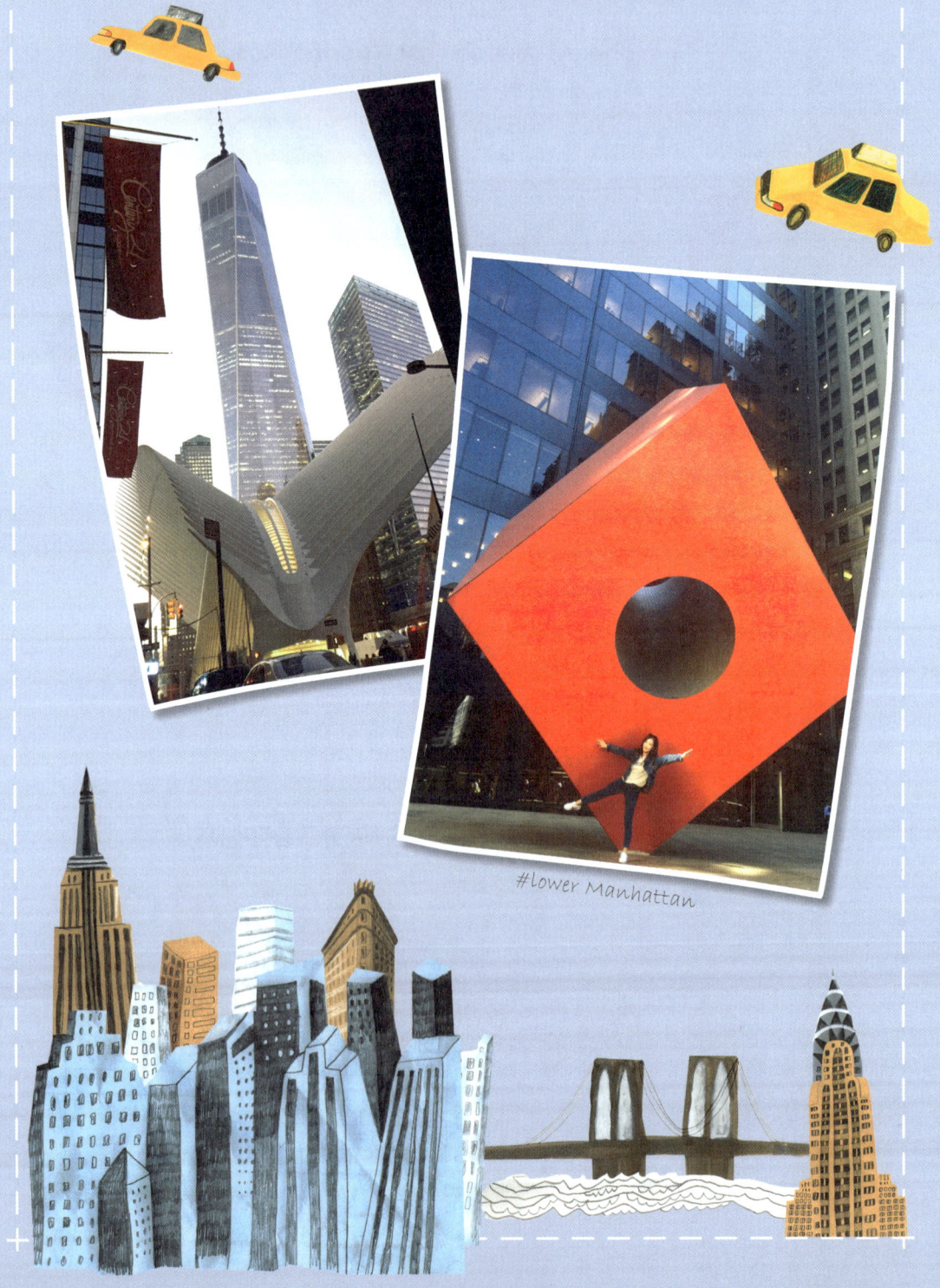

#Lower Manhattan

5 Sentence Patterns in English

아무리 복잡해 보여도 영어 문장은 기본적으로 5가지 형식으로 나눌 수 있다.

영어 문장을 이루는 주요 성분: **주어, 동사, 보어, 목적어**

1형식 주어 + 동사
2형식 주어 + 동사 + 보어
3형식 주어 + 동사 + 목적어
4형식 주어 + 동사 + 간접 목적어(~에게) + 직접 목적어(~를)
5형식 주어 + 동사 + 목적어 + 목적보어

1형식
She teaches. 그녀는 가르친다.

2형식
She is a teacher. 그녀는 선생님이다.

3형식
She teaches English. 그녀는 영어를 가르친다.

4형식
She taught me English. 그녀는 나에게 영어를 가르쳤다.

5형식
Everyone calls her Eunhasam. 모두가 그녀를 은하쌤이라고 부른다.

Grammar Point

2. 1형식, 2형식, 3형식

1형식 주어 + 동사
2형식 주어 + 동사 + 보어
3형식 주어 + 동사 + 목적어

1형식
She cooks for me every morning.   그녀는 매일 아침 나를 위해 요리를 해.
They sing again and again.   그들은 계속해서 노래해.

2형식
It tastes fantastic.   맛이 환상적이야.
The baby is cute.   그 아기는 귀여워.

3형식
I needed you.   나는 네가 필요했어.
I had a fever last night.   나는 어젯밤에 열이 났어.

---

* for one처럼 [전치사 + 명사]로 이루어진 전명구나 every morning, again night, last night과 같은 부사구는 문장의 형식에 영향을 미치지 않는 수식어구이다.

WORDS

fantastic 환상적인   fever 열

Grammar Point

4형식

4형식   주어 + 동사 + 간접목적어 + 직접목적어

4형식 문장에서는 동사 뒤에 나오는 목적어 두 개의 순서에 주의해야 한다.
간접목적어는 '~에게', 직접목적어는 '~를'이라고 해석한다.

Give **me more time**.	나에게 시간을 좀 더 줘.
Pass **me the salt**.	나에게 소금을 건네 줘.
Tell **me the truth**.	나에게 진실을 말해 줘.
Make **me pasta**.	나에게 파스타를 만들어 줘.
Do **me a favor**.	나에게 호의를 베풀어 줘. (내 부탁 하나 들어줘.)
Bring **me some water**.	나에게 물 좀 가져다 줘.

WORDS

truth 진실   **favor** 호의, 부탁

Grammar Point

5형식

5형식 주어 + 동사 + 목적어 + 목적보어

5형식 문장은 동사 다음 목적어가 나오고, 그 목적어의 의미를 보충해주는 목적보어가 따른다. 목적보어는 명사, 형용사, 동사원형 등으로 다양하게 올 수 있는데, 이것을 결정하는 것은 그 문장의 동사이다.

Call **me Eunha**.	나를 은하라고 불러라.
He makes **me proud**.	그는 나를 자랑스럽게 만들어.
He got **me annoyed**.	그는 나를 짜증나게 했어.
The movie made **me cry**.	그 영화는 나를 울게 만들었어.
She left **the door open**.	그녀는 문을 열어 두었어.

WORDS
annoyed 짜증이 난

Real Conversation

다음 우리말을 보고 영작하여 대화를 완성하세요.

1

You look thirsty.
너 목말라 보여.

나에게 물 좀 가져다 줘.

Hold on a minute.
잠깐만 기다려.

2

How was the play last night?
어젯밤 연극 어땠어?

I was so touched. 그건 날 울게 만들었어.
감동 받았어.

Was it that good?
그렇게 좋았어?

Bring me some water.
It made me cry.

UNIT 43

English Tenses
영어의 시제

#New York Public Library

Grammar Point

1 I study English.

평서문

현재형	I **study** English.	나는 영어를 공부한다.
과거형	I **studied** English.	나는 영어를 공부했다.
현재진행형	I **am studying** English.	나는 영어를 공부하는 중이다.
현재완료진행형	I **have been studying** English.	나는 영어를 공부를 해오고 있는 중이다.
현재완료형	I **have studied** English.	나는 영어를 공부를 해왔다.
미래형	I **am going to study** English.	나는 영어를 공부할 것이다.

PRACTICE

다음 우리말을 주어진 시제에 맞게 영작해 보세요.

1. 나는 서울에 산다. (현재형)

2. 나는 서울에 살았다. (과거형)

3. 나는 서울에 살고 있다. (현재진행형)

4. 나는 서울에서 살아 오고 있다. (현재완료진행형)

5. 나는 서울에서 살아 왔다. (현재완료형)

6. 나는 서울에서 살 것이다. (미래형)

1. I live in Seoul. **2.** I lived in Seoul. **3.** I am living in Seoul.
4. I have been living in Seoul. **5.** I have lived in Seoul. **6.** I am going to live in Seoul.

Grammar Point

2. Do you study English?

의문문 1

현재형	**Do you** study English?	너는 영어를 공부하니?
과거형	**Did you** study English?	너는 영어를 공부했니?
현재진행형	**Are you** study**ing** English?	너는 영어를 공부하는 중이니?
현재완료진행형	**Have you been** study**ing** English?	너는 영어를 공부해오고 있는 중이니?
현재완료형	**Have you** studi**ed** English?	너는 영어를 공부해왔니?
미래형	**Are you going to** study English?	너는 영어를 공부할 거니?

PRACTICE

다음 우리말을 주어진 시제에 맞게 영작해 보세요.

1. 너는 서울에 사니? (현재형)

2. 너는 서울에 살았니? (과거형)

3. 너는 서울에 살고 있니? (현재진행형)

4. 너는 서울에 살아오고 있는 중이니? (현재완료진행형)

5. 너는 서울에 살았었니? (현재완료형)

6. 너는 서울에 살 거니? (미래형)

1. Do you live in Seoul? 2. Did you live in Seoul? 3. Are you living in Seoul?
4. Have you been living in Seoul? 5. Have you lived in Seoul? 6. Are you going to live in Seoul?

Grammar Point

 ## Does he study English?

의문문 2

현재형	**Does he** study English?	그는 영어를 공부하니?
과거형	**Did he** study English?	그는 영어를 공부했니?
현재진행형	**Is he** study**ing** English?	그는 영어를 공부하는 중이니?
현재완료진행형	**Has he been** study**ing** English?	그는 영어를 공부해오고 있는 중이니?
현재완료형	**Has he** studi**ed** English?	그는 영어를 공부해왔니?
미래형	**Is he going to** study English?	그는 영어를 공부할 거니?

PRACTICE

다음 우리말을 주어진 시제에 맞게 영작해 보세요.

1. 그는 서울에 사니? (현재형)

2. 그는 서울에서 살았니? (과거형)

3. 그는 서울에서 살고 있니? (현재진행형)

4. 그는 서울에서 살아오고 있는 중이니? (현재완료진행형)

5. 그는 서울에서 살아왔니? (현재완료형)

6. 그는 서울에서 살 거니? (미래형)

1. Does he live in Seoul? 2. Did he live in Seoul? 3. Is he living in Seoul?
4. Has he been living in Seoul? 5. Has he lived in Seoul? 6. Is he going to live in Seoul?

Grammar Point

1. I don't study English.

부정문

현재형	I **don't** study English.	나는 영어를 공부하지 않아.
과거형	I **didn't** study English.	나는 영어를 공부하지 않았어.
현재진행형	I**'m not** study**ing** English.	나는 영어를 공부하고 있지 않아.
현재완료진행형	I **haven't been** study**ing** English.	나는 영어를 공부해오고 있지 않아.
현재완료형	I **haven't** studi**ed** English.	나는 영어공부를 안 해왔어.
미래형	I**'m not going to** study English.	나는 영어공부를 안 할 거야.

PRACTICE

다음 우리말을 주어진 시제에 맞게 영작해 보세요.

1. 나는 서울에 살지 않아. (현재형)

2. 나는 서울에 살지 않았어. (과거형)

3. 나는 서울에 살고 있지 않아. (현재진행형)

4. 나는 서울에 살아오고 있지 않아. (현재완료진행형)

5. 나는 서울에 살아 본 적 없어. (현재완료형)

6. 나는 서울에 살지 않을 거야. (미래형)

1. I don't live in Seoul. 2. I didn't live in Seoul. 3. I'm not living in Seoul.
4. I haven't been living in Seoul. 5. I haven't lived in Seoul. 6. I'm not going to live in Seoul.

Real Conversation

다음 우리말을 보고 영작하여 대화를 완성하세요.

1

Did you study French?
너 불어 공부했니?

No, I didn't. How about you?
아니, 안 했어. 넌?

난 작년부터 독일어를 공부해 왔어.

* German 독일어

2

Do you live in Seoul?
너 서울에 사니?

Yes, I do. How about you?
응, 서울에 살아. 넌?

난 10년 동안 서울에서 살고 있지.

ANSWER

I've studied German since last year.
I've been living in Seoul for 10 years.

UNIT 44

I'm leaving for Chicago.
전치사와 함께 쓰는 동사

#Buying a Ventra Ticket

Grammar Point

1 I'm leaving for Chicago.*

나는 시카고로 떠날 거야.

[동사 + 전치사]를 하나의 의미 덩어리로 이해해야 하는 표현들이 있다.
leave for(~로 떠나다), wait for(~를 기다리다), look at(~를 쳐다보다), look for(~를 찾다)

I'm **waiting for** my flight.	나는 나의 비행을 기다리고 있어.
I'm **looking at** people in the airport.	나는 공항에서 사람들을 보고 있어.
I'm **looking for** my passport.	나는 내 여권을 찾고 있어.

* "I'm leaving for Chicago."처럼 곧 일어날 확실한 미래는 현재진행형으로 표현할 수 있다.

2 I'm staring at my i-pad.

나는 내 아이패드를 뚫어져라 보고 있어.

[동사 + 전치사] 표현에서 전치사의 느낌이 강하게 살아있는 경우가 있다.
stare at(~을 응시하다), point at(~를 가리키다), talk to(~에게 말하다),
shout to(~에게 소리치다), complain about(~에 대해 불평하다)

I'm **pointing at** the map.	나는 지도를 (손가락으로) 가리키고 있어.
I'm **talking to** her.	나는 그녀에게 말하고 있어.
I'm **shouting to** her.	나는 그녀에게 소리치고 있어.
We're **complaining about** our busy schedule.	우리는 우리의 바쁜 일정을 불평하고 있어.
We're **listening to** music.	우리는 음악을 듣는 중이야.

WORDS

flight 비행   airport 공항   passport 여권   map 지도

Grammar Point

We discussed our plan.
우리는 우리의 계획에 대해 논의했다.

우리말로 해석하면 전치사를 사용한 것 같지만 그렇지 않은 동사들: discuss(~에 대해 논의하다), call(~에게 전화하다), join(~에 가입하다, 입사하다), marry(~와 결혼하다)

I tried to **reach** him.*	나는 그에게 연락하려고 노력했어.
I **called** him.	나는 그에게 전화했어.
He **joined** the company last year.	그는 작년에 그 회사에 입사했어.
He's going to **marry** her.	그는 그녀와 결혼할 거야.

* reach ~에 도달하다 / reach + 사람 ~에게 연락하다

ONE STEP FURTHER

우리말 해석상 전치사를 쓸 것 같지만 쓰지 않는 동사들: attend(~에 참석하다), text(~에게 문자를 보내다), email(~에게 이메일을 보내다), mention(~에 대해 언급하다)

I **attended** the meeting this morning.	나는 오늘 아침 그 회의에 참석했어.
I didn't **text** him back.	나는 그의 문자에 답장하지 않았어.
Email me if you have any questions.	질문 있으면 나에게 이메일을 보내.
I don't want to **mention** it.	난 그것에 대해 언급하고 싶지 않아.

Speak Aloud

영어로 말해 보세요.

✓○○○○○○   나는 시카고로 떠날 거야.

○○○○○○   나는 나의 비행을 기다리고 있어.

○○○○○○   나는 내 여권을 찾고 있어.

○○○○○○   나는 그녀에게 말하고 있어.

○○○○○○   그는 그녀와 결혼할 거야.

Check and Write

앞에서 말한 문장을 확인하고, 다른 표현을 활용해 새로운 문장도 만들어 보세요.

Challenge!

I'm leaving for Chicago.
_____.
Tom은 어제 뉴욕으로 떠났어.

I'm waiting for my flight.
_____.
다음 비행편을 기다리는 중이니? * flight 비행

I'm looking for my passport.
_____.
난 새 직장을 구하는 중이야.

I'm talking to her.
_____.
그들은 그 음식에 대해 불평하고 있어. * complain about ~에 대해 불평하다

He's going to marry her.
_____.
나는 그 미팅에 참석할 거야.

ANSWER
Tom left for New York yesterday.
Are you waiting for the next flight?
I'm looking for a new job.
They're complaining about the food.
I'm going to attend the meeting.

Real Conversation

다음 우리말을 보고 영작하여 대화를 완성하세요.

1

What are you doing? Are you looking for something?
뭐 하고 있니? 뭐 찾고 있는 거야?

나 내 지갑을 찾고 있어.

I think I saw it under the bed.
나 그거 침대 밑에서 본 것 같아.

2

You know John and Julie have dated for 10 years.
John이랑 Julie 10년이나 사귀었잖아.

Yeah, I know. What about them?
응, 알아. 걔네 왜?

걔네 다음달에 결혼한대.

ANSWER

I'm looking for my wallet.
They're going to get married next month.

UNIT 45

I want to go to the Chicago Theatre.
to부정사 명사적 용법

#The Chicago Theatre

Grammar Point

1

I **want to** go to the Chicago Theatre.

나는 시카고 극장에 가고 싶어.

to부정사: to + 동사원형 (부정사란 '품사가 정해지지 않은 말'이라는 뜻이다.)
I want to + 동사원형: '~하기를 원해', '~하고 싶어'

I want to	try something new.	나는 뭔가 새로운 것을 시도해 보고 싶어.
	get a pay raise.	나는 월급 인상을 받고 싶어.
	go backpacking.	나는 배낭여행하러 가고 싶어.

* **I'd(would) like to + 동사원형:** ~하고 싶습니다. ('want to~' 보다 더 공손한 표현이다.)
* **to부정사의 명사적 용법:** to부정사가 '~하는 것, ~하기'의 의미로 문장에서 명사처럼 사용될 수 있다.

2

I **wanted to** go to Chicago.

나는 시카고에 가기를 원했어.

to부정사를 목적어로 쓰는 동사: want(원하다), hope(희망하다), wish(소원하다), try(노력하다), expect(기대하다), plan(계획하다) 등

I	**wished to**	go to Chicago.	소원했어.
	tried to		노력했어.
	planned to	나는 시카고에 가기를	계획했어.
	expected to		기대했어.

WORDS

get a pay raise 월급 인상을 받다(월급이 오르다)   **backpack** 배낭여행

Grammar Point

3. I just wanted to make sure.
나는 단지 확실히 하고 싶었을 뿐이야.

일상회화에서 to부정사와 가장 많이 쓰이는 동사는 want이다.
'난 단지 ~하고 싶었을 뿐이야' 라고 말하고 싶을 때 'I just wanted to + 동사원형'을 자주 쓴다.

	hear your voice.	난 단지 네 목소리를 듣고 싶었을 뿐이야.
I just wanted to	have some fun.	난 단지 좀 재미있게 놀고 싶었을 뿐이야.
	be your friend.	난 단지 네 친구가 되고 싶었을 뿐이야.

4. Do you want to try some?
좀 먹어보고 싶니?

'Do yo want to + 동사원형?'은 '너 ~하고 싶니?'의 의미로 쓰인다.

Do you want to	go shopping with me?	너 나랑 쇼핑하러 가고 싶니?
(wanna)	hit the movies tonight?	오늘 밤 영화 보러 가고 싶니?

* 네이티브들은 want to를 wanna로 축약해서 말하는 경우가 많다.

WORDS

voice 목소리   hit the movies 영화 보러 가다

Speak Aloud

영어로 말해 보세요.

✓○○○○○○ **나는 시카고 극장에 가고 싶어.**

○○○○○○ **나는 배낭여행하러 가고 싶어.**

○○○○○○ **나는 시카고에 가길 소원했어.**

○○○○○○ **나는 단지 확실히 하고 싶었을 뿐이야.**

○○○○○○ **좀 먹어보고 싶니?**

Check and Write

앞에서 말한 문장을 확인하고, 다른 표현을 활용해 새로운 문장도 만들어 보세요.

Challenge!

I want to go to the Chicago theatre.
_____.
나는 디즈니랜드에 가보고 싶어.

I want to go backpacking.
_____.
나는 스키 타러 가고 싶어. * go skiing 스키 타러 가다

I wished to go to Chicago.
_____.
나는 새 차 한대 사기를 소원했어.

I just wanted to make sure.
_____.
나는 단지 집에 가고 싶었을 뿐이야.

Do you want to try some?
_____?
드라이브하러 가고 싶니?

Answer
I want to go to the Disneyland.
I want to go skiing.
I wished to buy a new car.
I just wanted to go home.
Do you want to go for a drive?

Real Conversation

다음 우리말을 보고 영작하여 대화를 완성하세요.

1

What are you planning to do during vacation?
너 방학동안에 뭘 계획하고 있니?

나는 배낭여행하러 가고 싶어.

That will be awesome!
그거 정말 멋질 거야!

2

오늘 밤에 영화 보러 가고 싶니?

I'd love to, but I have to work overtime.
그러고 싶은데 나 오늘 야근해야 해.

Okay then, maybe next time.
그래, 그럼 다음에 보자.

ANSWER

I want to go backpacking.
Do you want to(wanna) hit the movies tonight?

UNIT 46

I want you to come here.

to부정사 5형식 문장

#Cloud Gate in Millennium Park

Grammar Point

1. I want you to go there.
나는 네가 거기에 가기를 원해.

5형식 문장   주어 + 동사 + 목적어 + 목적보어(to부정사)

I want to go there.	나는 (내가) 거기에 가기를 원해.
I want you to go there.	나는 네가 거기에 가기를 원해.

I want	him her us them	to go there.	나는	그가 그녀가 우리가 그들이	거기에 가기를 원해.

2. I want you to come here.
나는 네가 여기에 오기를 원해.

상대방이 어떤 행동을 하기를 바랄 때 'I want you to + 동사원형'으로 말한다.

I want you to	come help me.	난 네가 와서 날 도와주기를 원해.
	trust me.	난 네가 날 믿어주기를 원해.
	cancel my appointment.	제 예약을 취소해주시기를 원해요.
	be honest with me.	난 네가 나에게 솔직하기를 원해.

trust 신뢰하다   **honest with** ~에게 정직한 (솔직한)

Grammar Point

3. I expected him to go there.
나는 그가 거기에 가기를 기대했어.

want를 포함한 expect(기대하다), ask(부탁하다), allow(허락하다), advise(충고하다), encourage(격려하다), tell(말하다), remind(상기시키다) 등은 목적보어로 to부정사를 취한다.

I **allowed** him	나는 그가 거기에 가는 것을 허락했어.
I **advised** him	나는 그가 거기 가는 것을 조언해 줬어.
I **told** him to go there.	나는 그에게 그곳에 가라고 말했어.
I **reminded** him	나는 그가 거기 가는 것을 상기시켜 줬어.

4. Do you want me to come with you?
내가 너랑 같이 가 줄까?

'Do you want me to + 동사원형?'은 '내가 ~해주기를 원하니?' 즉, '내가 ~해 줄까?'의 의미이다.

Do you want me to	give you a ride?	내가 태워다 줄까?
	cook dinner tonight?	오늘 밤 내가 요리해 줄까?
	do anything else?	내가 또 뭐 해 줄까?

WORDS
give someone a ride (차로) 태워주다

Speak Aloud

영어로 말해 보세요.

나는 네가 거기에 가기를 원해.

나는 네가 와서 나를 도와주기를 원해.

나는 네가 나를 믿어주기를 원해.

나는 그가 거기 가기를 기대했어.

내가 너랑 같이 가 줄까?

Check and Write

앞에서 말한 문장을 확인하고, 다른 표현을 활용해 새로운 문장도 만들어 보세요.

Challenge!

I want you to go there.
_____.
나는 네가 영어공부를 열심히 하기를 원해.

I want you to come help me.
_____.
나는 네가 주문을 취소해 주길 원해요. ∗ order 주문 / cancel 취소하다

I want you to trust me.
_____.
나는 네가 약속해 주길 원해. ∗ promise 약속하다

I expected him to go there.
_____.
나는 그녀가 오기를 기대했어.

Do you want me to come with you?
_____?
내가 공항까지 태워다 줄까? ∗ give ~a ride ~를 태워주다

ANSWER
I want you to study English hard.
I want you to cancel my order.
I want you to promise me.
I expected her to come.
Do you want me to give you a ride to the airport?

Real Conversation

다음 우리말을 보고 영작하여 대화를 완성하세요.

1

I'm so starving that I can't cook.
너무 배고파서 요리를 못하겠어.

오늘 저녁 내가 할까?

That would be so good! Thanks.
그러면 너무 좋지! 고마워!

2

내가 그 컴퓨터 고쳐 줄까?

Thank you very much. I don't know what to do.
정말 고마워. 뭘 해야 할지 모르겠어.

Let me see.
어디 한번 보자.

ANSWER

Do you want me to cook dinner tonight?
Do you want me to fix the computer?

UNIT 47

I came here to see the view of Chicago.

to부정사 부사적 용법

#Skydeck Chicago - Willis Tower

Grammar Point

1. I came here to see the view of Chicago.

나는 시카고 전경을 보려고 여기에 왔어.

to부정사의 부사적 용법: 'to + 동사원형'이 '~하려고, ~하기 위해서'의 의미로 부사처럼 사용되어 문장에 추가 정보를 제공한다.

	to see you.	나는 너를 보려고 여기에 왔어.
I came here	**to discuss** the project.	나는 그 프로젝트에 대해 논의하려고 여기에 왔어.
	to talk to you.	나는 너에게 이야기하려고 여기에 왔어.

2. I'm happy to hear that.

나는 그 말을 듣게 되어 기뻐.

감정을 나타내는 형용사 뒤에 to부정사를 붙여 구체적인 이유를 설명해 줄 수 있다.
I'm happy(기뻐) + to hear that(그 말을 듣게 되어서).

I'm thrilled		그 말을 듣게 되어 정말 기뻐요.
I'm sorry	**to** hear that.	그 말을 듣게 되어 유감이에요.
I'm surprised		그 말을 듣게 되어 놀라워요.
I'm shocked		그 말을 듣게 되어 충격받았어요.

WORDS

view 전경, 전망   discuss ~에 대해 논의하다   thrilled 흥분한

Grammar Point

 ## I'm so glad to see the view of Chicago.

시카고의 전경을 보게 되어 정말 기뻐.

'**I'm so glad to** + **동사원형**'은 '~해서 정말 기뻐'의 의미로 형용사 glad(기쁜)에 대한 이유를 to부정사가 설명해 준다.

I'm so glad to	see you.	너를 보게 되어 정말 기뻐.
	talk to you.	너와 말하게 되어 정말 기뻐.
	work with you.	너와 일하게 되어 정말 기뻐.
	have you back.	네가 돌아와서 정말 기뻐.

 ## I'm sorry to call you late.

늦게 전화해서 미안해.

'**I'm sorry to** + **동사원형**'은 '~해서 미안해'의 의미로 형용사 sorry(미안한)에 대한 이유를 to부정사가 설명해 준다.

I'm sorry to	bother you.	너를 귀찮게 해서 미안해.
	hurt your feelings.	기분 상하게 해서 미안해.
	let you down.	실망시켜서 미안해.

bother 방해하다, 귀찮게 하다   **let down** ~를 실망시키다

Speak Aloud

영어로 말해 보세요.

✓ 나는 시카고 전경을 보려고 여기에 왔어.

○ 나는 너를 보려고 여기에 왔어.

○ 그 말을 듣게 되어 기뻐.

○ 너를 보게 되어 정말 기뻐.

○ 늦게 전화해서 미안해.

Check and Write

앞에서 말한 문장을 확인하고, 다른 표현을 활용해 새로운 문장도 만들어 보세요.

Challenge!

I came here to see the view of Chicago.

_____.

그는 영어를 공부하려고 여기에 왔어.

I came here to see you.

_____.

나는 그 문제에 대해 논의하기 위해 여기에 왔어.

I'm happy to hear that.

_____.

그 말을 듣게 되어 유감이야.

I'm so glad to see you.

_____.

이 책을 찾게 되어 정말 기뻐.

I'm sorry to call you late.

_____.

늦어서 미안해. ＊ be late 늦다

Answer

He came here to study English.
I came here to discuss the problem.
I'm sorry to hear that.
I'm so glad to find this book.
I'm sorry to be late.

Real Conversation

다음 우리말을 보고 영작하여 대화를 완성하세요.

1

What brought you here?
여기에 무슨 일로 오셨나요?

그 문제에 관해 이야기하려고 왔어요.

Okay. Would you please wait for a second?
알겠어요. 잠시만 기다려 주실래요?

2

Hello? This is Susan speaking.
여보세요? Susan입니다.

Hi, Susan. This is Kim. 늦게 전화해서 미안해.
안녕, Susan. 나 Kim이야.

No problem. What's up?
괜찮아. 무슨 일이야?

ANSWER

I came here to **discuss** the problem.
I'm sorry to call **you** late.

UNIT 48

I have a lot of things to see here.
to부정사 형용사적 용법

#Chicago History Museum

Grammar Point

1 I have a lot of things to see here.

나는 여기서 볼 것이 아주 많아.

to부정사의 형용사적 용법: 'to + 동사원형'이 '~할'의 의미로 명사 뒤에 위치해 명사를 수식한다.

I need **something**	**to do**.	나는 뭔가 할 것이 필요해.
	to eat.	나는 먹을 것이 필요해.
	to drink.	나는 마실 것이 좀 필요해.
	to be real.	나는 뭔가 현실적인 것이 필요해.

2 I have work to do.

나는 해야 할 일이 있어.

"I have work to do.(나는 해야 할 일이 있다.)"처럼 명사 work 뒤에 to부정사를 붙여서 세부 정보를 더할 수 있다.

I have	a friend **to hang** out with.	나는 어울려 놀 친구가 있어.
	a book **to read**.	나는 읽을 책 한 권이 있어.
	someone **to meet**.	나는 만나야 할 사람이 있어.
	a place **to go**.	나는 가야 할 곳이 있어.

WORDS

hang out with ~와 어울려 시간을 보내다

Grammar Point

 ## He has a lot of work to do.
그는 해야할 일이 아주 많이 있어.

'할 일', '참석할 회의', '써야 할 보고서'와 같은 표현은 모두 to부정사의 형용사적 용법을 사용한다.

	meetings **to attend**.	그는 참석해야 할 회의들이 많이 있어.
He has a lot of	reports **to write**.	그는 써야 할 보고서들이 많이 있어.
	clients **to meet**.	그는 만나야 할 고객들이 많이 있어.

 ## He has no time to work out.
그는 운동할 시간이 없어.

'have no time to + 동사원형'은 '~할 시간이 없다'는 뜻이다.

He has no time	**to have** a blind date.	그는 소개팅 할 시간이 없어.
He needs a friend	**to talk** to.	그는 대화를 나눌 친구가 필요해.
	to rely on.	그는 의지할 친구가 필요해.

WORDS

client 고객　　blind date 소개팅　　rely on ~에 의지하다

Speak Aloud

영어로 말해 보세요.

✓○○○○○○ 나는 여기서 볼 것이 아주 많아.

○○○○○○○ 나는 뭔가 할 것이 필요해.

○○○○○○○ 나는 해야 할 일이 있어.

○○○○○○○ 나는 어울려 놀 친구가 있어.

○○○○○○○ 그는 운동할 시간이 없어.

Check and Write

앞에서 말한 문장을 확인하고, 다른 표현을 활용해 새로운 문장도 만들어 보세요.

Challenge!

I have a lot of things to see here.

_____.

그는 점검해야 할 것들이 많아. ∗ check out 점검하다

I need something to do.

_____.

그는 먹을 것이 좀 필요해.

I have work to do.

_____.

그는 읽어야 할 책들이 좀 있어.

I have a friend to hang out with.

_____.

그는 의지할 친구가 있어. ∗ rely on ~에 의지하다

He has no time to work out.

_____.

그는 소개팅을 할 시간이 없어.

ANSWER
He has a lot of things to check out.
He needs something to eat.
He has some books to read.
He has a friend to rely on.
He has no time to have a blind date.

Real Conversation

다음 우리말을 보고 영작하여 대화를 완성하세요.

1

You look so bored.
너 엄청 지루해 보여.

<u>나는 뭔가 할 것이 필요해.</u>

So, can you help me with my work?
그러면, 내 일 도와줄 수 있니?

2

I want to grab a bite.
뭐 좀 간단히 먹고싶어.

I was just going to say that.
나도 방금 그 말 하려고 했어.

<u>내가 가서 먹을 것 좀 가져올게.</u>

* go get ~을 가져오다

ANSWER

I need something to do.
I'll go get us something to eat.

UNIT 49

Could you tell me how to get there?

의문사 + to부정사

#Chicago Water Tower

Grammar Point

1. I don't know **what to do**.

나 무엇을 해야 할지 모르겠어.

'의문사 + to부정사'는 하나의 의미 덩어리로 해석한다.

what + to부정사: '무엇을 ~할지'

I don't know	**what to say**.	난 무슨 말을 해야 할지 모르겠어.
	what to eat for lunch.	점심으로 뭘 먹어야 할지 모르겠어.
	what to believe.	무엇을 믿어야 할지 모르겠어.

2. Could you tell me **how to get** there?

거기에 어떻게 가는지 알려 줄래요?

how + to부정사: '어떻게 ~하는지', '~하는 방법'

Could you tell me	**how to speak** English well? 영어를 잘 말하는 방법을 알려줄래요?
	how to handle this problem? 이 문제를 어떻게 해결하는지 알려줄래요?
	how to upload a video to YouTube? 동영상을 어떻게 유튜브에 올리는지 알려줄래요?

WORDS

handle 다루다, 취급하다

Grammar Point

3 I want to know when to meet you again.
너를 언제 다시 만날지 알고 싶어.

when + to부정사: 언제 ~할지

where + to부정사: 어디서 ~할지

I want to know	**where to meet** you again. 너를 어디서 다시 만날지 알고 싶어.
I don't know	**when to ask** him. 언제 그에게 물어봐야 할지 모르겠어.
	where to start. 어디에서 시작해야 할지 모르겠어.

4 I'm not sure whether to leave (or not).
떠나야 할지 (말아야 할지) 확실하지 않아.

whether + to부정사 (or not): ~할지 말지 (뒤에 나오는 or not은 생략할 수 있다.)

whether to A or B: A를 할지 B를 할지 (A와 B 둘 중 하나를 골라야 하는 상황에서 사용한다.)

I'm not sure	**whether to go** to his wedding (or not). 그의 결혼식에 가야 할지 모르겠어.
	whether to go or stay. 갈지 머무를지 확실하지 않아.
	whether to laugh or cry. 웃어야 할지 울어야 할지 확실치 않아.

WORDS
whether ~인지 아닌지   laugh 웃다

Speak Aloud

영어로 말해 보세요.

☑○○○○○○ **무엇을 해야 할지 모르겠어.**

○○○○○○○ **영어를 잘 말하는 방법을 알려 줄래요?**

○○○○○○○ **너를 언제 다시 만날지 알고 싶어.**

○○○○○○○ **갈지 머무를지 확실하지 않아.**

○○○○○○○ **어디에서 시작해야 할지 모르겠어.**

Check and Write

앞에서 말한 문장을 확인하고, 다른 표현을 활용해 새로운 문장도 만들어 보세요.

Challenge!

I don't know what to do.

_____.

그는 무슨 말을 해야 할지 몰라.

Could you tell me how to speak English well?

_____?

그 옷을 어떻게 세탁하는지 알려 줄래요?

I want to know when to meet you again.

_____.

그는 언제 말해야 할지를 몰라.

I'm not sure whether to go or stay.

_____.

울어야 할지 말아야 할지 모르겠어.

I don't know where to start.

_____.

그는 어디로 가야 할지 몰라.

ANSWER
He doesn't know what to say.
Could you tell me how to wash the clothes?
He doesn't know when to talk.
I'm not sure whether to cry or not.
He doesn't know where to go.

Real Conversation

다음 우리말을 보고 영작하여 대화를 완성하세요.

1

우체국 가는 길 좀 알려줄 수 있나요?

 Sure. I was about to go there. Come with me.
물론이죠. 거기 가려던 참이에요. 저랑 같이 가세요.

That's great. Thank you.
잘 됐네요. 감사합니다.

2

Time for Lunch! Aren't you going to eat lunch?
점심 시간이야! 점심 안 먹을 거니?

 점심으로 뭘 먹어야 할지 모르겠어.

Hmm... what about a hamburger?
음... 햄버거는 어때?

ANSWER

Could you tell me how to get to the post office?
I don't know what to eat for lunch

UNIT 50

I just wanted to see the night view of Chicago.

필수 동사 want

#The Night View of Chicago

Grammar Point

1. I wanna try something new.
나는 뭔가 새로운 것을 시도해 보고 싶어.

실제 회화에서 가장 많이 쓰는 표현 중 하나인 'I want to + 동사원형'은 '나 ~하고 싶다'라는 의미이다. want to는 wanna로 줄여서 부드럽게 발음하는 경우가 많다.

I wanna	hang out with you.	나는 너랑 함께 놀고 싶어.
	get off work early.	나는 일찍 퇴근하고 싶어.
	go backpacking.	나는 배낭여행을 가고 싶어.

2. You wanna talk about it?
너 그것에 대해 이야기하고 싶니?

'너 ~하고 싶니?'는 'Do you want to + 동사원형?'의 형태로 말하면 된다.
실제대화에서 맨 앞의 Do동사도 생략해서 'You wanna~?'라고 말하는 경우가 많다.

You wanna	hit the movies tonight?	오늘 밤 영화보러 가고 싶니?
	have dinner with me?	나랑 저녁먹고 싶니?
	do it again?	너 그걸 다시 하고 싶니?

WORDS
get off work 퇴근하다   hit the movies 영화보러 가다

Grammar Point

 I just wanted to see the night view of Chicago.

나는 단지 시카고 야경을 보고싶었어.

'I just want to + 동사원형'은 '단지 ~하고 싶었을 뿐이다'라는 의미이다

I just wanted to	be somebody. 나는 단지 남들에게 인정받는 사람이 되고 싶었어. say thank you. 나는 단지 고맙다고 말하고 싶었어. say good-bye. 나는 단지 작별인사를 하고 싶었어.

 I never wanted to bother you.

나는 결코 너를 방해하려던 게 아니었어.

'I never wanted to + 동사원형'은 '난 ~하고 싶은 게 아니었다'라는 뜻으로, 상대방에게 변명 또는 해명을 할 때 사용한다.

I never wanted to	go out with him. 나는 그와 사귀고 싶은 건 아니었어. involve you in this. 너를 결코 이 일에 휘말리게 하고 싶은 게 아니었어. hurt your feelings. 난 결코 네 감정을 상하게 하려던 게 아니었어.

 **WORDS**

somebody 남들에게 인정받는 사람   **bother** 귀찮게 하다, 방해하다   **go out with** ~와 사귀다   **involve** 관련시키다

Speak Aloud

영어로 말해 보세요.

✓○○○○○○ **나는 뭔가 새로운 것을 시도해 보고 싶어.**

○○○○○○○ **나는 일찍 퇴근하고 싶어.**

○○○○○○○ **너 그것에 대해 이야기하고 싶니?**

○○○○○○○ **나는 단지 고맙다고 말하고 싶었어.**

○○○○○○○ **나는 결코 너를 방해하려던 게 아니었어.**

Check and Write

앞에서 말한 문장을 확인하고, 다른 표현을 활용해
새로운 문장도 만들어 보세요.

Challenge!

I wanna try something new.
_____.
난 뭔가 다른 것을 시도해 보고 싶어.

I wanna get off work early.
_____.
나는 새 친구들을 사귀고 싶어.

You wanna talk about it?
_____?
나에게 진실을 말하고 싶니?

I just wanted to say thank you.
_____.
난 단지 네 친구가 되고 싶었어.

I never wanted to bother you.
_____.
난 결코 너를 다치게 하려던 게 아니었어.   ＊hurt 다치게 하다

ANSWER
I wanna try something different.
I wanna make new friends.
You wanna tell me the truth?
I just wanted to be your friend.
I never wanted to hurt you.

Real Conversation

다음 우리말을 보고 영작하여 대화를 완성하세요.

1

You wanna talk about Tommy?
Tommy에 대해 이야기하고 싶니?

_____
난 결코 그의 감정을 상하게 하려는 건 아니었어.

**Just give him some time.
I'm sure you guys are going to be okay.**
그냥 그에게 시간을 좀 줘. 너희들 괜찮아질 거야.

2

Why did you leave the party so early last night?
왜 어젯밤 파티에서 그렇게 일찍 떠났니?

_____
난 단지 혼자 있고 싶었어.

Okay, but you know you can tell me anytime.
알겠어, 근데 너 나한테 언제든 이야기해도 돼.

ANSWER

I never wanted to hurt his feelings.
I just wanted to be alone.